獻給
我摯愛的家人

這些地方,
只有巴黎人知道

11條道地時尚×藝術×美食×約會路線

南西大爺——著

序

一起去巴黎，好嗎？

巴黎怎麼寫也寫不完。
雖然每個人對巴黎的回憶迥然不同，但不管我們變成了誰，巴黎又變化成何其樣貌，更不論去巴黎有多麼困難，或其實容易──我們總會回到巴黎。
　　　　　　　　　　　　　　　　──海明威《流動的饗宴》

　　總覺得以海明威的文字當作書的開場白有些老套，內心卻是掩不住地喜歡。對海明威來說，巴黎是他決心專職寫作後移居的第一個城市，彼時他的才華仍飄飄渺渺、未遇伯樂，與第一任妻子在這兒過著不得溫飽的生活，夢想卻讓他們活得艱苦而踏實，更在兩人心中活出巴黎這一場華麗饗宴。

　　巴黎之於我，苦沒上心頭，只留下絢爛的華美、銘心的真實。我就像海明威一樣，義無反顧地愛上了巴黎，一有機會，便想盡辦法回去。

　　在巴黎求學的歲月，彷彿一場美夢。這場夢顛覆了我看待事物的態度，大至自由平等、小至日常習慣，樣樣在生活裡扎根，讓我更懂得品味美好人生。然而離開之後，巴黎是這樣的──總能變換成千奇百怪的形式，藏在眼神、手勢裡，藏在對美食的挑剔、對紅酒的堅持裡，藏在對時尚雜誌不屑一顧的鼻息，藏在有話直說的自我意識，更藏在眼耳鼻口、細胞、血液裡頭，隨時蠢蠢欲動，準備來一場溫柔的巴黎逆襲。而這些無可避免的時刻，我對巴黎的想念便會湧上心頭，久久難以平復。

　　我並沒有文情並茂的文筆，也無法一揮而就，但憑著一股熱情，熱衷寫作至今，也深信這是我人生中極為重要的小事。有幸能寫這一本書，寫的還是令我魂牽夢縈的巴黎，心裡的激動難以言喻！彷彿能體會海明威在飢寒交迫時的興奮情緒，因為是巴黎、因為是寫作，所以對萬物的千姿百態覺得有趣，對人生的千嬌百媚都感覺溫暖。

　　這不是本旅遊書，而是嘔心瀝血、寫下巴黎人真正美好生活態度的散文，讓你無論是否人在巴黎，都能活得像個巴黎人，那樣有滋有

味。若有一天，你真來到巴黎，便能更用心探索這座城市最真實、懇切的迷人之處。

書中由我的 10 個巴黎人朋友帶路，領你遊覽真實、不造作的巴黎，告訴你他們的生活、文化、習慣，帶你走進他們多姿多采的日常。而曾在巴黎攻讀碩士學位、熟知這城市特有節奏的我，也將帶領你探索巴黎膾炙人口的景點，做個悠閒且盡興的旅人。

請和我一起回到這個令我朝思暮想的城市，跳進 20 個魔幻區域，悠然自在地呼吸塞納河畔的空氣，找回久違的青春與自由。

走吧，我們一起去巴黎！

由衷感謝我的父母，予我厚實而溫暖的疼愛，給了我一雙羽翼，總催促我感受這個廣闊世界的美好樣貌，更讓我懷抱天真，無後顧之憂地勇敢逐夢。感謝初來乍到時，在巴黎待我如家人的美清阿姨、倩明阿姨，沒有您們，巴黎永遠是個遙遠而冷漠的城市。謝謝我在巴黎的室友 Jennifer，讓我這個哭點、笑點都很低的孩子，不論晴雨，都有個人撒嬌作伴。謝謝所有曾與我待過巴黎、分享過巴黎的朋友們，和我一起打造這個夢想般的城市，3 年後仍有款款深情，能好好寫它。謝謝一路支持我的部落格讀者，不斷給予我信心和勇氣。最後，誠摯感謝時報出版的總編輯采洪姐、信宏、蘊雯對我的賞識與提攜。

特別感謝

Anne-Victoire Billot
Camille Lepicard
Christophe Robin
François Léage
Hien-Chanh Quach
Jade Kim
Laurel Conway
Laurence Levy Petit
Marine de Beaupuy
Nicolas Lamoureux
Qing Tong Qian
書中部分美麗照片，來自攝影師團隊：
Ruby Huang、Paul Lin、Micky Lai、Kelsy Lin。

REMERCIEMENTS…

MAP 認識巴黎 20 區

巴黎市共畫分為 20 個行政區，以西堤島為中心，從 1 區到 20 區，呈螺旋狀、按順時針方向，向外擴展。每個區基於歷史因素與居住人口特質，各自發展出迥異的特色與氣氛，因而開枝散葉般，各自活出獨樹一幟的區域風格。

1e
坐落在巴黎正中央，古老的西堤島（島上有聖母院）、羅浮宮、杜樂麗花園、皇家宮殿、凡登廣場、藝術橋都在這裡，景點名勝齊聚，更有號稱全世界最大的地下鐵轉運站 Châtelet – Les Halles 站。

2e
巴黎最小的行政區，觀光景點包含加尼葉歌劇院、歌劇院大道、勝利廣場等，更是著名的金融商業區。巴黎日本區則橫跨第 1、2 區，讓亞洲人的口腹得到溫熱的慰藉。

3、4e
龐畢度中心、畢卡索美術館、雨果紀念館等藝術迷、文學迷必訪景點都在這裡，還有聖路易島、巴黎市政廳。這裡更是著名的瑪黑區，特殊歷史背景孕育了多元文化，不僅藏著保留傳統的猶太區，更有對美感極其敏銳的同性戀區，洋溢著自由風氣。

5、6e
文化左岸的代表區域，景點包含萬神殿、盧森堡公園、聖哲曼德佩教堂等，而被稱為「左岸咖啡」的花神咖啡館、雙叟咖啡館，則靜靜地把沙特、卡謬、西蒙波娃等文人藝術家的智慧優雅地保留下來。

7e
這裡有巴黎鐵塔、奧塞美術館、羅丹美術館、巴黎傷兵院、戰神廣場，以及巴黎最古老、高檔的樂蓬馬修百貨公司，不僅聚集必訪景點，政治機構、各國使館林立，更是房價最昂貴的「富人區」。

8e
極盡奢華的商業區，香榭麗舍大道、蒙田大道、佛布聖多諾黑路都是時尚迷不容錯過的朝聖地，觀光景點則有凱旋門、大皇宮、小皇宮、瑪德蓮大教堂、協和廣場等，法國總統的官邸愛麗舍宮也坐落於此。

9e
與第 2 區、第 8 區一樣為重要商業區，拉法葉百貨、春天百貨，兩大舉世聞名的百貨公司在此不斷吸引絡繹不絕的人潮。

10e
此區人口較複雜，請盡量選在白天造訪，地鐵站 Gare du Nord、Gare de l'Est、Château d'Eau 站附近務必特別當心。但聖馬丁運河是近年來的新興藝文區，許多時髦年輕人選擇住在這裡，因而有許多極富特色的咖啡廳、餐館、設計師品牌進駐。

11e

以法國大革命的起源地巴士底廣場為中心，充滿自由平等氣氛，藝術氣息濃厚、居住人口密集，餐廳、酒吧都多，夜生活相當熱鬧，展現城市多元而旺盛的生命力。

12e

標準住宅區，流淌著悠閒、靜謐的氣氛。景點包含里昂車站，還有由葡萄酒倉改造而成的藝文美食新天地「貝西村」，更有大片綠意盎然、適合野餐的凡仙森林。

13e

街景最不像巴黎的區域，藏著全巴黎最大的中國城，以「華人區」形容更為貼切，川菜、餛飩、越南河粉、金邊粿條，各式各樣亞洲道地滋味，這裡都找得到。

14、15e

住宅區為主，商業區為輔。蒙帕納斯大樓高聳地立在兩區交界，是巴黎市中心唯一的摩天大樓，外觀雖不對巴黎人口味，頂樓夜景倒是吸引許多遊客流連。其他景點還有蒙帕納斯墓園、地下墓穴等。

16e

著名的高級住宅區，環境高雅清幽。景點包含廣大綠地的布隆森林、東京宮、夏佑宮，還有坐擁艾菲爾鐵塔最佳觀賞視野的Trocadéro 地鐵站。

17e

以住宅區為主，因臨近第16 區，同樣是富人區，但接近 18 區的區域則建議遊客避免夜晚逗留。景點包含巴黎最大的跳蚤市場「聖圖安跳蚤市場」，人潮眾多，盡興逛街時務必注意安全。

18e

著名的蒙馬特就坐落於此，由於曾吸引無數藝術家駐足創作，成為自由奔放的藝文觀光區。南邊則是紅磨坊領軍的著名紅燈區。此區居住人口較複雜，觀光客絡繹不絕，治安較差，女性須特別提高警覺。景點包含聖心堂、小丘廣場、蒙馬特墓園等。

19、20e

這裡藏著兩座大型公園，還有巴黎第二大中國城，但治安狀況並不理想，遊客務必避免隻身造訪。景點包括葉維特公園、拉雪茲神父墓園等。

將左右頁中間灰色部分相互對折重疊即可成為完整地圖

目 錄

L'A

Camille

Route 1

——巷弄裡的美食，在地時尚靈感

Route 2

——男人的品味與自在夜生活

Nicolas

Anne

Route 3

——逛街祕境與女人般的細緻香檳

Route 4

——巴黎時尚領導者的自由生活

Marine

Christophe Robin

Route 5

——好好打扮、逛逛市集、品嚐巷口美食

Laurel

Francois Léage

Qing Tong

Laurence

HC

Nancy

人物／卡蜜（Camille）
背景／法國人，巴黎資歷 5 年
職業／時尚產業行銷採購

ROUTE 1

右岸的巴黎

——巷弄裡的美食，在地時尚靈感

很多人覺得巴黎是個趾高氣昂、高傲冷漠的城市，
從北部城市來到巴黎工作的法國女孩卡蜜，
卻在塞納河右岸巷弄中，
看見親民在地的巴黎時尚及私房美味。

　　很多人以為法國人普遍高傲冷漠，從前的我也有同樣的刻板印象。但在法國留學的時光，不僅讓我認識了真實的巴黎，更讓我結交許多法國朋友。法國人骨子裡的確有著旁人難以撼動的尊嚴和堅持，有時難免顯得自恃，但他們和「冷漠」這兩個字，可一點都沾不上邊。

　　記得當年的巴黎正步入初秋，整個城市擠滿剛從度假聖地回到工作或學校崗位的人們，膚色一個比一個黝亮，神情卻不是太愉快。承載著沉重心情的地鐵車廂，就這樣陪伴我踏上重新恢復學生身分的第一趟旅程。

　　當我難掩心中忐忑走進陌生的教室，有一張臉吸引了我的目光——標準的法國美女，咖啡色長髮配上長長的睫毛，鼻子尖尖的，配上那雙彷彿可以看穿你心事的大眼睛，活像 70 年代電影裡的一線女星，輪廓五官那麼精緻，好像就該穿著純白色洋裝、戴上深色大帽簷草帽，繫上隨風飄揚的絲巾，坐在哪個國際巨星的跑車上沿著天際線揚長而去。而她，居然哪都沒去，就坐在教室裡準備當我的同學！

　　也許傳說是真的，法國人本來就比較冷漠，或許是刻板印象作祟，阻擋著我趨步向前的勇氣，兩三個禮拜過去，我們始終沒能好好說上一段話。

　　終於有一天，這個法國女生走到了我的面前，突然展開笑顏，很好奇地問我：「南西，卡通裡日本人野餐吃的那一顆一顆手掌大小的東西是什麼？」我一臉狐疑。「就是白色的三角形，上面

有黑色的方塊，他們總是拿在手上吃。」

「妳是說飯糰嗎？」我在心裡頭大叫。

她看我似乎還是不太確定，於是隨手拿起紙筆，在上頭畫了起來。

「哈哈！沒錯！那是飯糰，我下次做給妳吃。」

這是我們第一次的對話，儘管非常另類，卻開啟了我與法國的深厚友誼，更正式打破了「法國人很冷漠」的邪惡傳說。

這位與我交心的法國美女名叫卡蜜，來自純樸的北部城市盧昂（Rouen）。講話速度飛快，在清新可人的外表下，藏著單純溫暖的心，她很容易緊張、也很容易被逗笑，最喜歡把方塊巧克力夾在法國長棍麵包裡，迫不及待地剝下一大半給我，然後一起配著黑咖啡大口品嚐。

她是個熱愛甜食的法國人，我們經常相約在咖啡廳談天，常常餐點還沒送上來，她就已經把桌上的方糖吃到剩下三分之一；當我們卸下心防，卡蜜完全是個熱情、好發問的法國人，每次課堂輪到我上臺報告，才剛踏上臺就會看見她對我猛眨眼睛表示支持；她也對亞洲文化充滿好奇，總嘰嘰喳喳像個小孩問個不停。

對卡蜜這樣真性情、直率的女孩來說，尖端而艱澀的時尚不是太符合她的風格，她偏好自然簡單，平實且獨特的優雅。在巴黎生活的歲月，沒有讓她忘記家鄉的樸實可愛，因此，她經常探索巴黎的巷弄，尋找最在地、最獨一無二、最貼近人心的巴黎。

←卡蜜熱愛古著，穿衣風格也相當 VINTAGE ！

↑除了亮麗復古的女孩風，巴黎女人也崇尚黑白灰的低調搭配。

今天，就跟著卡蜜的腳步，看看卡蜜眼中的巴黎，多麼摩登、可愛又充滿童心！

時尚行家的塞納河右岸

在巴黎，時尚行家逛街有兩個偏好，第一就是熱愛「二手古著商店（Vintage Shop）」。

老實說，二手或古物商品對以前的我引不起任何興趣，到了巴黎才知道，許多年輕人和時尚愛好者對「二手古著」不僅愛不釋手，更把它們當成時尚繆思、靈感指標，定期到這些二手古著店朝聖、尋寶，比看時尚雜誌還重要！

二手古著指的是能反映時代特色、保存良好，不一定是名牌，但多是質感良好的二手單品。舉例來說，如果你的奶奶剛好在她的年代，買了一只鱷魚皮手提包，那你應該有如獲至寶的時尚自覺。

許多年前，我在巴黎參觀的第一場二手古著展覽，就是卡蜜帶著我去的！展場位於左岸一幢老公寓，空氣中飄著一股神似古書店的淡淡氣味，三層樓塞著滿滿至少 40 個古著攤位，每個攤位主人都稱職打扮、爭奇鬥豔，桌上擺的、牆上掛的，盡是充滿歷史感的二手古物，從一個 5 歐元的復古手環，到一只 5000 歐元、作工精緻的 70 年代包包，彷彿穿越時光隧道回到美好時代，我才終於體會二手古著讓人難以抗拒的迷人魅力。

Vintage Shop and Multi-Brand Concept Store

除了二手古著，時尚行家的第 2 個偏好是「複合式品牌概念店（Multi-Brand Concept Store，也稱 Select Shop）」卡蜜對此也情有獨鍾。

巴黎這股複合式品牌概念店趨勢，起源於科萊特（Colette）創立的 1997 年，商店不再只販賣單一品牌、單一品類，而是由眼光獨具的時尚採購（或稱買手），自各個品牌採買他們認為有價值或喜好的服飾、配件、香氛，甚至家居飾品、書籍、藝術品等，再集中到店鋪販售。

在複合式概念店裡，多樣化的商品與特色鮮明的店內裝潢陳列，自然流瀉出這個買手的眼光與個人風格。對消費者來說，逛街的方便性備增、過程更充滿美感與樂趣，這樣的商業模式很快地蔚為風潮！科萊特一舉成為聞名世界的巴黎時尚舵手，不斷在各大品牌中揮毫定義當季時尚，也在日新月異、變動快速的時尚、藝術、生活創作領域中，提拔有潛力的新興品牌，成為創意新面孔的伯樂。

經歷快 20 個年頭的蓬勃發展，巴黎成為許多天生有著好眼光的時尚買手天堂，複合式品牌概念店在這個城市如雨後春筍般湧現，每個巴黎人也都有屬於自己的口袋名單。

非常巴黎的法式設計

　　坐落在飄散著藝術風情的 11 區，法式環球旅行家由一對熱愛藝術的夫妻共同創立，完美詮釋他們對時尚、藝術、旅遊與設計的熱愛。店裡散發著頑皮的裝飾氛圍，在掛著工業風吊燈、擺著各式仙人掌盆栽的空間裡，展售複合品牌服飾。

　　品牌包括 Forte_Forte、Acne、APC、Le Mont Saint Michel、Our Legacy、Comme des Garçons 等，風格均為低調、直接、不做作，質感令人驚豔，展現出「非常巴黎」的態度。

　　卡蜜最喜歡 11 區這家，店裡的自由氣息和街道上的愜意連成一氣，能把週末過得緩慢而悠閒。

法式環球旅行家 French Trotters @11 區
30 rue de Charonne, 75011 Paris
+33 1 47 00 84 35
www.frenchtrotters.fr
Ⓜ 9 Charonne 站步行約 5 分鐘

前衛與公益並存

　　商業中心複合店則更具前衛風格，主要販售法國製、英國製、丹麥製商品，包含男女服飾、古董家具、自行車和藝術品等，時尚品牌則有 Veja、Bleu de Paname、Repetto、St. James，還有前景一片大好的 Valentine Gauthier。走進商業中心複合店，會感到時間慢了下來，不再是什麼都要追求快速、高效率的社會，而是一種淡定、平靜。

　　商業中心複合店更投身公益，積極支持公平貿易組織、人道組織，提倡企業的社會責任與力量，是一家頗具革命意識、人文意涵的店鋪。讓人重新思考消費的意義，究竟是為了與他人比較？為了多些奢華奢靡？還是單純為了更美好的生活？或追求一個讓更多人感覺幸福的世界？原來時尚，可以讓人覺醒，而這些聲音猶如花朵，正在世界各地以各種型態綻放著。

商業中心複合店 Centre Commercial
2 rue de Marseille, 75010 Paris
+ 33 1 42 02 26 08
www.centrecommercial.cc
Ⓜ ⑤ Jacques Bonsergent 站步行約 15 分鐘

可愛、童趣，女孩風！

　　外表洋溢著無限童心的流行市集，就坐落在許多巴黎人熱愛的聖馬丁運河（Canal Saint-Martin）附近，大片粉紅牆的裡藏著滿滿童趣，明亮而夢幻的店鋪，彷彿有置身東京禮品小店的錯覺，點綴著可愛的幽默感。但定神一看，才發現很多小東西充滿巴黎式笑點，讓我不知不覺就在裡頭待了快一個小時，找回少女心（笑）！

「這是我買禮物的祕密基地喔！」卡蜜湊到我耳邊輕聲說。在這個親朋好友幾乎什麼都不缺的年代，每到生日、節慶就得傷透腦筋，的確，我們需要的就是像這樣用心的小店，讓我們把天真爛漫找回來！

流行市集 Pop Market
50 rue Bichat, 75010 Paris
+33 9 52 79 96 86
www.popmarket.fr
Ⓜ ⑪ Goncourt 站步行約 15 分鐘

法國女孩人生第一個包包

感受了巴黎人對複合式品牌概念店的狂熱，了解那原來是種對個人品味的尊重與提倡，再次臣服於巴黎人「忠於自我」的堅定態度。接著，從小對時尚就有一番見解，又在時尚產業工作的卡蜜，將帶我們逛當代法國女孩鍾情的在地品牌。

↑法國女孩人生必有的包款。

Vanessa Bruno 對亞洲消費者來說並不陌生，但我們只認識它的風格相當優雅、夢幻，殊不知這個品牌對 1980 年後出生的法國女孩，其實有著非常重大的意義。

卡蜜說：「我人生中的第一個名牌包包就是 Vanessa Bruno，我的姐妹們也是喔！」Vanessa Bruno 設計簡潔大方，用色唯美、

自然,不論服飾或包款,都帶著清新氣息。經典包包實用又耐裝重物,服裝則使用許多雪紡與柔軟親膚的面料,以優美的垂墜感突顯女性美,讓女人輕鬆穿出極簡的浪漫。難怪會成為法國女孩人生必有的品牌!

Vanessa Bruno @3 區
100 rue Vieille du Temple, 75003 Paris
+33 1 42 77 19 41
www.vanessabruno.fr
Ⓜ ⑧ Saint-Sébastien-Froissart 站步行約 15 分

新生代設計師的巴黎風情

　　伊莎貝爾‧瑪蘭可說是近年來最成功的法國新生代設計師,科班出身的伊莎貝爾非常擅於設計獨特的布料,並且靈活地運用在每一季的創作當中。她的風格帶一點波西米亞、加上頹廢搖滾,但濃烈的巴黎風情還是在作品中顯露無遺。

伊莎貝爾的原創性非常強烈，時常只要一件單品就能創造深刻的時尚印象，許多個性派的巴黎女人都是她的粉絲。如果妳也想嘗試穿出巴黎女人的自信與時尚感，卡蜜推薦 11 區的伊莎貝爾品牌專賣店，可以不受眾多遊客打擾，優雅地享受靜謐的購物氛圍。

伊莎貝爾・瑪蘭品牌專賣店 Isabel Marant
16 rue de Charonne 75011 Paris
+33 1 49 29 71 55
www.isabelmarant.com
Ⓜ ⑨ Charonne 站步行約 5 分鐘

巷弄美食，質樸美味

每天有太多來自世界各地的遊客和饕客造訪巴黎，所以好的餐廳從不寂寞，巴黎的知名美食地圖也從不是祕密，時常擠滿觀光人潮。不過這些熱門餐廳，雖然食物美味誘人，卻因人山人海而賠上用餐氣氛，無法好好體驗巴黎人特有的緩慢與優雅。

幽靜的巷弄間，有著不為人知的好味道。

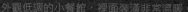
外觀低調的小餐館，裡面裝潢非常溫暖。

　　當地巴黎人因而將情感寄託於「巷弄美食」，可別以為是環境簡陋的小吃，它們是注重料理、氛圍的小酒館或餐館，通常離觀光區有一段距離，而且喜歡藏在不起眼的巷弄裡，不刻意大張旗鼓地宣傳，反而非常低調地成了巴黎人口耳相傳的好地方。

低調、隨性、熱愛食材原味

　　卡蜜和我來的這間新餐館，有個有趣的名字 Chez Moustache，意即「鬍子先生的家」，就在 11 區的小巷裡，深藍色外觀、沒有醒目招牌，一切都低調得可以。

　　與卡蜜見面這天，就是約在這間餐廳碰面，遠遠就從窗戶外看見坐在裡頭的卡蜜，我立刻衝上前去給這個 3 年不見的好友一個深深的擁抱，點了 2 杯無花果的調酒，迫不及待地分享著彼此別後的人生，溫暖的熟悉就像從前，彷彿時光不曾帶走同在一個城市的默契。

　　鬍子先生的家裝潢很有現代感，入門就是豪氣的吧檯，燈光和

←鬍子先生的家食物口味
以清爽為主要路線。

點燃的蠟燭同一個色調，昏黃卻很有味道；裝潢有一點點巴洛克，
卻又以牆上的金色畫框與學校用的桌椅調侃了奢華的用意，整個
空間透露著輕鬆、自在，和著酒香一起喝進身體裡，暖一暖胃。

　　親切的服務生送來了讓人垂涎的料理，選用季節蔬菜與最好的
食材，再以最簡單的料理手法呈現食物的新鮮與美味，鵝肝、茄
子、甜菜根、櫛瓜，清爽卻令人回味無窮。值得一提的是，這裡
的佐餐麵包不以常見的籃子送上桌，反而隨性地以紙袋包裹，用
的就是一般巴黎麵包店裡供應的紙袋，也算是只有巴黎人才懂的
巴黎式幽默！

鬍子先生的家 Chez Moustache
4 rue Jean-Pierre Timbaud 75011 Paris
+33 1 43 38 26 88
Ⓜ ③ Parmentier 站步行約 10 分鐘；或 ⑤、⑨ Oberkampf 站步行約
15 分鐘

↑佐餐麵包居然直接以紙袋
包裹，相當隨性。

↑餐廳內四處可見以翹鬍子為
LOGO 的商標，十分可愛！

美食、好酒、表演一次享受

　　與卡蜜相識這麼久，始終還沒有機會好好認識她交往多年的男友朱利安，於是我們決定相約夏日的四人晚餐約會，好好來個友情與文化的深度交流！

　　Maroquinerie 法文是皮革、皮具的意思，這個餐館之所以叫 La Maroquinerie，就是因為此處的前身是間皮革品工廠。現今不見皮革蹤影，倒是充滿穿著入時的巴黎人，來這裡看展覽、聽表演、品美食、喝好酒、享受人生。

　　這個工廠舊址被改造成結合餐廳、咖啡廳、展覽館的多元化空間，地下室則是著名的小型演唱會場地，週末不定期上演各式表演，是個充滿創意、活力的藝文區域，能親身感受到不同於巴黎其他地區的熱鬧與奔放。

↑以美食佐好友，讓食物更顯美味！

　　黃昏時分，我們坐在晚霞斑斕的戶外區，享受著沁涼夏夜，漫無邊際地說說笑笑，喝著隆河產區（Côtes du Rhône）帶著濃郁黑醋栗香氣的紅酒，品嚐一道道樸實而美味的佳餚：炭烤牛排佐馬鈴薯泥、鱈魚義大利麵、炙燒牛肉漢堡、當令水果製成的各式甜品等。新鮮的食材、質樸而紮實的滋味，配上輕快的音樂、愉悅而悠哉的用餐環境，讓人覺得心靈和口腹都非常飽足！

　　旅行的驚喜、友誼的溫煦皆難以言傳，但在像皮革品工廠餐廳這樣的氣氛輕鬆的餐廳，以美酒歌詠美好人生、頌揚珍貴友情，看來是個不錯的主意！

皮革品工廠餐廳 La Maroquinerie
23 Rue Boyer, 75020 Paris
+33 1 40 33 35 05
www.lamaroquinerie.fr
Ⓜ 2 Ménilmontant 站步行約 20 分鐘
★特別注意：La Maroquinerie 位在 20 區，晚上比較亂，建議旅客務必結伴同行。

↙↓炭烤牛排佐馬鈴薯泥、鱈魚義大利麵，常見的餐點最能展現出廚師的精湛手藝。

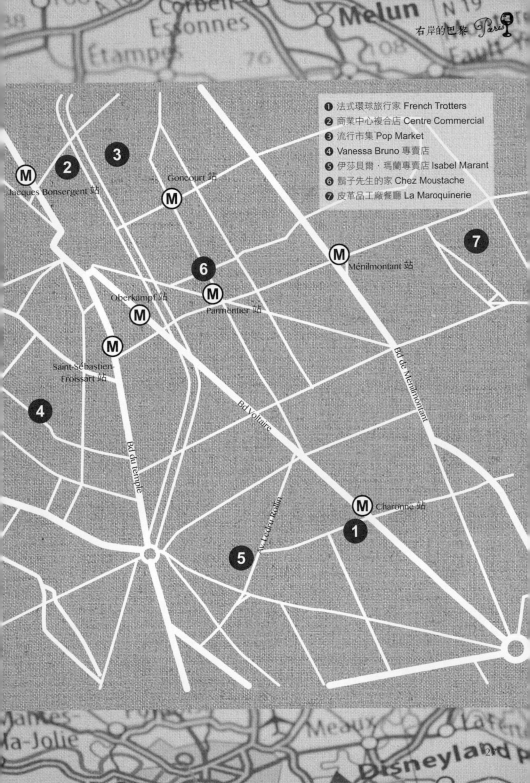

右岸的巴黎 Paris

① 法式環球旅行家 French Trotters
② 商業中心複合店 Centre Commercial
③ 流行市集 Pop Market
④ Vanessa Bruno 專賣店
⑤ 伊莎貝爾・瑪蘭專賣店 Isabel Marant
⑥ 鬍子先生的家 Chez Moustache
⑦ 皮革品工廠餐廳 La Maroquinerie

Ⓜ Jacques Bonsergent 站

Goncourt 站

Ⓜ Ménilmontant 站

Oberkampf 站
Ⓜ Parmentier 站

Ⓜ Saint-Sébastien-Froissart 站

Bd de Ménilmontant

Bd Voltaire

Bd du temple

Av. Ledru Rollin

Ⓜ Charonne 站

人物／尼可拉（Nicolas）
背景／巴黎人，巴黎資歷一輩子
職業／時尚產業視覺行銷

ROUTE 2

型男的巴黎

——男人的品味與午夜巴黎

巴黎街頭型男這麼多，

除了迷人外貌，他們心裡究竟藏了什麼？

與在時尚產業打滾的尼可拉，

浪漫地品飲香檳，觀察入夜後的城市！

Place Vendôme

巴黎的酒與夜

巴黎的夜熱鬧得很，在這個把酒當作珍貴文化、嗜酒如命的城市，浪漫之夜徹底表現在對美酒的迷戀上。低潮的時刻，和三五好友相約在學生群聚的拉丁區，買一夜的開懷暢飲；女孩們傾吐心事的聚會，就約在2區的祕密酒吧，感受一杯又一杯華麗的雞尾酒，整夜杯觥交錯；若與懂得享受生活的朋友相約，踩著紅底鞋，亮麗現身聖多諾黑路（Rue Saint-Honoré）的寇斯特酒店，和法國明星並肩而坐，一旁還有好萊塢明星陪襯，豪奢倒不至於，卻大器極了！

這一晚，就是要和尼可拉大器地過，說好在凡登廣場（Place Vendôme）碰面，然後在夏日餘暉中散步到寇斯特酒店，正式開啟我們的週末夜。

「凡登廣場」也譯作「芳登廣場」，但我比較喜歡叫它「凡登廣場」，「芳」太柔美，不適合它的氣宇軒昂。這裡一向是個蘊含豐富故事、流瀉深刻歷史，且停駐了無數傳奇的地方。喜歡歷史的人說它是「巴黎的鑽石」，因為它保存著17世紀的法式建築、記錄了法國大革命，閃耀著19世紀的光榮，更有數不盡的名人曾駐足、流連於此。鍾情於時尚的人則形容它是「巴黎的珠寶箱」，因為全法國最奢華的珠寶品牌都爭相於此開設專賣店，與名聞遐邇的巴黎麗池酒店（Ritz Paris Hotel）比鄰爭豔。

尼可拉就站在街角，帥氣地招了招手，怎麼看都是在時尚產業工作的巴黎男人：合身剪裁的灰色西裝、硬挺襯衫、窄版領帶，

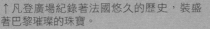

↑凡登廣場紀錄著法國悠久的歷史，裝盛　　↑寇斯特的露天餐廳氣氛優雅，高朋滿座。
著巴黎璀璨的珠寶。

配上尖頭雕花皮鞋，不留痕跡且不誇飾的個人風格，是巴黎時尚
人士不成文的默契。尼可拉是土生土長的巴黎人，家境優渥、學
業成績非常出色，大學時期曾到紐約、東京、香港、上海四地交
換學生並參與實習計畫，多了一份廣闊的世界觀。

精品酒店裡的祕密酒吧

　　途經寇斯特酒店專屬花店，還來不及仔細欣賞滿屋綻放的玫
瑰，門口的服務人員便拉開黑色邊框鑲著玻璃的大門，輕聲道：
「Bonsoir.」歡迎我們的到來。寇斯特酒店大廳長廊彷彿時裝伸展
臺，金色、深紅色垂簾和一盞盞黃色的燈光，兩側的玻璃鏡面還
有絡繹不絕的時髦人士，讓人誤以為這裡是全天候的時裝秀場，
充滿令人屏息的美感與驚奇。

　　甫一右轉，眼前是美到不行的露天餐廳，面對中庭的建築物漆
著漂亮的酒紅色與黑色窗櫺，白色雨棚則整齊地從高處排列到地
面，棚子下滿滿的人坐在黑色鑄鐵座椅上，好似一幅絕美的時尚
景色。

↑酒店外觀雖然低調，內部卻是
一如人們所設想的華麗優雅。

Hotel Costes

　　寇斯特酒店是間低調的精品酒店，雖然大剌剌坐落在人聲鼎沸、大小品牌搶駐的時尚聚集地聖多諾黑路，外觀卻像蒙上一層紗，神祕得很，只能從停在外頭的超豪華跑車和摩肩擦踵、爭相進入的時尚人士窺知一二。

　　寇斯特酒店由被譽為「巴黎商界傳奇」的寇斯特兄弟所有，兄弟倆不是巴黎人，到巴黎求學工作一段時日後，毅然決然投入餐飲業；重金禮聘法國設計鬼才菲利浦・史塔克（Philippe Starck）設計他們的第一家咖啡館 —— 寇斯特咖啡館（Café Costes）。

　　這間咖啡館不僅開啟巴黎咖啡文化的新紀元，也逐步擴大事業版圖，建立寇斯特兄弟在巴黎商界不可撼動的地位。由於他們鮮少接受媒體採訪，所以始終保持著神祕色彩，但旗下每一家店，如羅浮宮迴廊下的馬列咖啡（Café Marly）、龐畢度中心的喬治景觀餐廳（Georges），還有蒙田大道上的拉芙尼（L'Avenue）等，全都是巴黎數一數二的時尚地標，讓熱愛時髦的巴黎人趨之若鶩。

　　巴黎人討厭大眾化、一窩蜂的流行信仰，倒是無一不迷戀低調、獨特性、祕密的魅力。一家好的餐廳、好的酒吧，一旦被一、兩個有品味的人放入口袋名單，便會在圈子裡流傳開來，但流傳的速度越慢越好，最好只有懂的人懂，不懂得欣賞的人，只要不踏入這個圈圈，這個地方就永遠是巴黎人的心頭好。

　　如果不小心走漏了風聲，這個巴黎人的聚集地為了保持其獨特性，便會採取一些略顯無情的隔離措施，比如只接受預約、有衣著限制，或以看似高傲冷豔的外表讓人感到千里之遙、只可遠觀。

寇斯特酒店採用的方法正是後者，若不稍加打扮或對自己欠缺信心，恐怕人到了門口，還是會有股想打退堂鼓的沉重壓力。而這樣的感受，只要看到酒店內華麗得教人一眼難忘的裝潢、時尚的氛圍、創新的餐點、相貌非凡的服務生、坐在角落的巨星，還有藏在細節裡的藝術品味，會讓你如同進入另一個世界。看盡繁華，卻有格外體會，時尚原來是一種態度，只要自信就能很有氣勢！

寇斯特酒店另一聞名世界的特色，便是它的駐場 DJ Stephane Pompougnac 發展出一系列名為「Hotel Costes」的時尚音樂，融合了電子、靈魂、爵士、民謠等多種曲風，是巴黎時尚沙發音樂的夢幻指標。

寇斯特酒店 Hôtel Costes
239 Rue Saint-Honoré, 75001 Paris
+33 1 42 44 50 00
www.hotelcostes.com
Ⓜ① Tuileries 站步行約 5 分鐘；
或⑦、⑭ Pyramides 站步行約 10 分鐘。

巴黎男人的品味

「穿襯衫一定要有袖扣！」尼可拉正經八百地說。

袖扣很多款式，尼可拉尤其喜歡簡單、大方、有特色的。他手上正別著一對 Paul Smith 的袖扣，雅緻又充滿 Paul Smith 一貫的玩心，顯得年輕卻很有份量。

↑重點卻不過分的配件,是巴黎男人的魅力所在。

　　尼可拉更說,「襯衫通常得訂做,除非真的找到適合自己身型比例的牌子。而袖口一定較手腕寬一公分,這是留給手錶的空間。巴黎男人的時尚原則就是舒適、不多不少,少了怕忽略細節,多了顯得刻意,顯得刻意可是件非常丟臉的事!」

　　尼可拉選擇時尚並沒有特定喜歡的品牌,畢竟每個品牌的設計師一直換,風格也不一定,這幾年他獨鍾迪奧和聖羅蘭的西裝版型,可是可能下一季又會有變動。我想,這樣的善變就跟人生一樣吧!

　　每次和巴黎人談時尚,都像上了一堂時尚賞析課程,每套理論各自表述,沒有一定的公式,更沒有正確解答。但他們通常有一個共識,認為品牌和 Logo 都不是時尚要件,如果你買了某大知名品牌要價 1500 歐元的外套,但外套剪裁平庸或質感欠佳,那等於買了個笑話!

　　「時尚的重點從來不是品牌,而是個人風格,是對質感與細節的追求,是『品味』。」尼可拉挑了挑眉,為巴黎人獨家定義的時尚,下了最好註腳。

↑小型博物館避開大批觀光客，更能靜心欣賞藝術的美。

時尚，就是最美的藝術品

對時尚有自己見解的尼可拉覺得，來到巴黎，千萬別只逛香榭大道，真正的時尚愛好者，一定要到 2 個一般觀光客鮮少涉足的地方。第一個是位在羅浮宮的「巴黎時裝和紡織品博物館」。

時裝和紡織品博物館是個時尚迷絕不容錯過的小型博物館，藏身在羅浮宮的裝置藝術博物館（Musée des Arts Décoratifs）裡，入口則獨立在里沃利路（Rue de Rivoli），若不注意很容易忽略。如果你自認熱愛時尚，這個博物館不僅能解你的渴，更能讓你重新體悟時尚的深意。

這裡除了不定期舉辦令人目不暇給的短期展覽，更有完整而細緻的展區規畫，讓人型模特兒穿著從古到今各個時代的時尚元素，彷彿跟著時光的涓涓流水，緩緩漫步於時裝與紡織品的歷史當中，更回溯時尚的初衷——那是一種看待時尚，如同看待藝術品的戰戰兢兢，卻能在生活裡穿得舒適、自信的悠然。

時裝和紡織品博物館 Musée de la Mode et du Textile
107 rue de Rivoli, 75001 Paris
+33 1 44 55 57 50
www.lesartsdecoratifs.fr
Ⓜ 1 Tuileries 站步行約 1 分鐘。

漫步於時裝與紡織品的歷史當中，重新看待時尚的內涵。

綠色的前衛酒吧十分顯眼。

↑迴廊上的攝影展。

將時尚活成愜意人生

而尼可拉非常喜歡的另一個時尚地標，則是塞納河左岸聳立的綠色前衛建築「碼頭／時尚設計城」。彎彎曲曲地攀附在塞納河畔，近年來已漸漸成為左岸時尚新地標。

這兒的前身是座百年碼頭，巴黎的 Jakob + MacFarlane 建築師事務所在激烈的投稿中雀屏中選，成功將這個陳舊碼頭轉變成以時尚與設計為主題的文化重鎮，為巴黎市容又添一筆評價兩極的顛覆性建築。

這個轉變後的時尚碼頭現在有小型博物館、特色小店、咖啡廳、餐廳等多項設施，巴黎知名時尚學校 IFM 進駐後，更帶進無限的時尚想像，特定空間開放給設計學系的學生展售新穎的設計作品，充滿生氣勃勃的年輕活力。

找個秋高氣爽的早晨，來這享用佐著塞納河畔美景的早午餐，或挑個夏日夜晚，在這裡的露臺餐廳喝杯沁涼的白啤酒，盡情耗上好幾個小時，品味巴黎無價的美景與這份難能可貴的愜意。

碼頭·時尚設計城 Les Docks, Cité de la Mode et du Design
34 quai d'Austerlitz, 75013 Paris
+33 1 7677 2530
www.paris-docks-en-seine.fr
Ⓜ⑤、⑩ Gare d'Austerlitz 站步行約 10 分鐘。

↑珠寶品牌伯爵的百年奢華。

流瀉的光與影

　　尼可拉任職於法國百年珠寶品牌伯爵（BOUCHERON），特別邀請我參觀伯爵為慶祝品牌進駐凡登廣場 120 週年而推出的高級珠寶系列特展「光之殿堂（Hotel de la Lumiere）」。

　　住在巴黎時，我總是很享受從聖多諾黑路穿過迴廊走到凡登廣場的這段路程。若是陽光燦爛的午後，光線從中庭注入，穿過一根根壯觀的石柱，灑在我的臉

←許多名流貴族都曾配戴過伯爵珠寶。

上、身上，影子則落在大理石地板上，溫暖又浪漫。

才剛感受聖多諾黑路的熱鬧和年輕活力，甫穿過中庭，就來到氛圍截然不同的凡登廣場，這裡的氣氛低調而沉穩，有時略顯嚴肅。但那些美麗迷人的櫥窗，總有著讓人很想鼓起勇氣一探究竟的神奇魔力。

「珠寶也是這樣吧！」我想。

西元 1858 年，菲德立克・伯爵先生（Frédéric Boucheron）在皇家宮殿（Palais Royal）成立第一家店，除了對傳統的堅持與創新的設計，伯爵也累積了良好的政商關係，讓品牌不斷茁壯。1893 年，正式成為第一個進駐凡登廣場的珠寶商；1900 年，伯爵在萬國博覽會上聲名大噪，因而在巴黎時尚、珠寶產業奠定了舉足輕重的地位。

耀眼陽光灑滿整個巴黎的夏日午後，我們緩緩走進這個低調的珠寶盒裡，挑高的空間、華麗水晶燈、原木桌椅與金屬色的雕花窗櫺與展示櫃，點綴的盡是做工精美的寶石，空氣裡則是內斂而溫柔的木質香氣混合花香，讓人內心沉靜不少。

尼可拉一邊說著伯爵的歷史，一邊領我走上旗艦店 2 樓。據說，當時伯爵之所以選擇凡登廣場裡的這個位置開店，就是因為它是

↑旗艦店 2 樓，可俯瞰整個凡登廣場。

↑伯夐稱他們的珠寶工匠為光之手，因為工匠的功力就在於他所創造、切割、鑲嵌的珠寶作品，是否能反射出最美的「光與影」。

凡登廣場裡，最多陽光的角落，這一樣來，寶石就能閃耀最美麗的光芒。看見溫暖的陽光爭相穿過窗戶、進入室內，似乎非得把空間填得滿滿才肯罷休。突然之間，我好像看見了當年品牌創辦人看見的陽光，一如伯夐的珠寶，閃耀、迷人。

「光之殿堂」中共有 8 個子系列，讓人深刻體會工匠的熱情與專業、美學歷史、光與影，並向凡登廣場致敬。

閃爍的太陽 Le Soleil Radiant

就像是用鑽石的組合、光的投射、完美而多樣的切割，華麗演繹了太陽光束，以最直接、最震撼的方式，開啟整個系列的序幕。讓每個配戴的女人，膚質因為鑽石閃耀如同絲緞柔滑、自信更與光影翩翩起舞。這就是我們口中的 20 年代。

月光孔雀 Paon de Lune

這系列傳承伯夐一直以來對孔雀的迷戀，結合鑽石、白水晶、海藍寶等寶石，細緻且做工繁複，描繪變幻莫測的孔雀，細節處的

←鑽石的流瀉。

處理更讓人讚嘆，孔雀羽毛彷彿躍然於耳垂、胸前、頸肩。

鑽石的流瀉 Cascade de Diamants

　　尼可拉解釋，這個系列就像妳閉上眼睛，幻想香檳倒入香檳杯堆成的杯塔，然後香檳優雅地流瀉而下，完美注入每一只杯中，那樣愜意、不留痕跡，卻又美得讓人驚呼連連。設計手稿裡還有作品能放在肩上，讓鑽石與水晶相互輝映出如同瀑布的光影效果。這個作品也像在歌詠巴黎，因為海明威曾那麼浪漫地說過，巴黎是席流動的饗宴。

閃爍明珠 Perles D'Éclat

　　這個系列帶著玩心，把光與影玩得透徹。伯爵很喜歡利用白水晶襯托其他寶石的光芒，讓它自然且不露痕跡地展現加分作用；而珠寶工匠憑著經驗與純熟技藝，在這個系列中，將白水晶的延展性運用至最大程度，完美結合鑽石的高雅、堅毅與白水晶的流暢、童心，增加作品的趣味性，也讓整個系列更加年輕。外頭的水晶球，就像香檳汽泡誘發你的好奇心，更想定神細看看裡頭承載的鑽石切割與細緻工藝。

天空使者 Les Messagers Cèlestes

伯爵一向非常善於以各式寶石描繪動物與昆蟲，希望把美麗的自然主題透過珠寶工藝亙久的保存下來。此系列則展現了「天空中的使者」的輕與重：輕在於它雕工之細緻，重則在它的珍貴與份量；展現光影的漸變、豐富的層次，出乎意料地呈獻珠寶的晶瑩透明感。

日光花朵 Fleur du Jour

同樣描繪自然風景，卻更加貼近女人的喜好，精雕出一朵朵藏著一抹嫵媚的花朵，是伯爵對「多用途功能性珠寶」的詮釋，既是造型感十足的項鍊，也可成為在多樣場合中派上用場的華麗胸針。透過兩朵層次交疊的花，營造出虛實交錯的光影互動。花瓣的層次與鑲飾的鑽石，則讓光反覆投射，讓寶石的影子也有萬千風情。

伯爵珠寶旗艦店 Boucheron
26 Place Vendôme, 75001 Paris
+33 1 42 61 58 16
www.boucheron.com
Ⓜ❸、❼ 或 ⓮ Opéra 站步行約 15 分鐘；或
❼、⓮ Pyramides 站，步行約 20 分鐘。

↑ CRU 風格簡樸卻很有個性。

體驗生之料理的美味

　　灼亮的天空、略顯炙熱的天氣，正值仲夏正午，我和尼可拉決定去 CRU，見識一下最近在巴黎炒得火熱的「新飲食革命」。沿著塞納河的方向走，沿路欣賞再熟悉不過卻又如明信片般夢幻的瑪黑街景，不一會兒就抵達「聖保羅村（Village Saint Paul）」小型文藝園區。

　　一眼就看見位於入口的 CRU，風格簡樸卻很有個性，室外座位多的是搶著享受陽光的巴黎人。正門口面對的則是豔陽高照的庭院，轉頭才看見庭院裡有許多販售家具、家飾品、舊書的攤位，還有一間間個性小店，充滿濃厚的人文氣息，週末午後突然變得更加親切可愛。

→生之料理讓味蕾回歸原點，讓身體享受食物的乾淨純粹。

　　CRU 就是「生」的意思，開門見山地訴說著他們的拿手招牌就是「生的料理」；希望能透過最新鮮的食材、最不花俏的料理手法，讓客人品嚐質樸卻最真實的美味：生魚、生牛肉（Tartar）、有機蔬菜沙拉，搭配上養生有機果汁、有機能量飲，讓味蕾回歸原點，也讓身體享受一餐的乾淨純粹。

　　　　　　　　　　　　　　　　　　　　　　　　　　　　　　—

生之料理餐廳 CRU
7 Rue Charlemagne, 75004 Paris
+33 1 40 27 81 84
www.restaurantcru.fr
Ⓜ ❶、❹ Saint-Paul 站步行約 10 分鐘

自由早已滲透生活

　　品嚐著「飲食新革命」，我們也不禁聊起法國人最提倡的「自由」。尼可拉說，自由是法國人的重要特質，他們努力尊重各種型式的自由，希望每個階層、每個族群、每個人都有權利表達意見。在法國人的家庭教育裡，鼓勵發言、辯論，認為人都該對事物充分表達情緒與意見。義務教育中更教導孩子怎麼罷工、怎麼爭取權益，並耳提面命說：「你就該為你的人生爭取更多！」

　　自由意志也徹底表現在法國人的情緒上，我剛搬到巴黎時，曾見到踩著高跟鞋的時髦

←自由不只可表現在生活態度，法國人更把它加入飲食中。

美女，氣沖沖地跑到馬路正中央，對著莽撞的駕駛破口大罵；也時常在電視上看到主持人與來賓一言不和，立刻毫不留情地辯論起來；或教授拋出議題希望我們討論，但學生人云亦云、答案了無新意時，教授竟突然發飆，說我們沒有獨立思考能力，他不想教了！

初來乍到，本以為法國人腦子裡盡是溫柔浪漫，殊不知更根深蒂固的是他們的權利與自由意識，對我著實是個深刻的文化衝擊。後來才慢慢了解，法國人最怕的就是不表達意見，最不喜歡的答案就是「都可以」，因為沒有意見代表你沒有想法，沒有想法意味你害怕表達，而「恐懼」其實是最大的不自由。

所謂自由的最高境界，是在不破壞社會和諧的前提下，所有人都能得到最大限度的自由，誠實地表達所有意見，而且即使對方與你意見相左，仍心平氣和地尊重他們走上街頭的權利，而且還能不傷和氣地做一輩子的朋友。

尼可拉說，今天在 CRU 的飲食體驗，充分展現了「自由」在巴黎飲食文化上，發揮得最淋漓盡致的一面！法國坐擁物產豐饒的優勢，發展出精緻講究的美食文化，而多元的族群，更發展出飲食豐富而深刻的多樣性。因此，自由巴黎不僅一直在前方，帶領著一波波不停歇的飲食革命，更在大街小巷間，藏著各式各樣頂尖的世界美食。

巴黎的多元解鄉愁

談到飲食文化的百家爭鳴，尼可拉立刻興奮地告訴我一家與臺灣息息相關的店—— ZenZoo 珍珠茶館。我一聽竟興奮得尖叫，真有種他鄉遇故知的感動！還在巴黎念書時，珍珠茶館可說是臺灣學子一解鄉愁的避風港，一杯道地的珍珠奶茶，不僅安撫了思鄉的口腹，更慰藉了對家的無限思念。

ZenZoo 珍珠茶館坐落在加尼葉歌劇院附近的日本區裡，兩層樓的店面小小的，卻很有人情味，一如我熱愛的家鄉。這是臺灣人用心經營的店，能喝到真正的珍珠和真正的奶茶，還有臺灣味簡餐，更有亞洲廚藝教室。和一般華人商店不同的是，來這裡光顧的不只亞洲面孔，法國人也很愛這味！珍珠茶館時常高朋滿座，空間裡充斥著各種語言，熱鬧極了！

ZenZoo 珍珠茶館
2 Rue Cherubini, 75002 Paris
+33 1 42 96 27 28
www.zen-zoo.com
Ⓜ 7 、⑭ Pyramides 站步行約 10 分鐘；
或 ③ Quatre-Septembre 站步行約 5 分鐘

Melun

Corbeil-Essonnes

Etampes

Opéra 站

Quatre-Septembre 站

Pyramides 站

Tuileries 站

Rue du Louvre

Rue de Rivoli

西堤島

聖路易島

Saint-Paul 站

Quai Saint-Bernard

Gare d'Austerlitz 站

❶ 寇斯特酒店 Hôtel Costes
❷ 時裝和紡織品博物館 Musée de la Mode et du Textile
❸ 碼頭／時尚設計城 Les Docks, Cité de la Mode et du Design
❹ 伯瓊珠寶旗艦店 Boucheron
❺ CRU 生之料理餐廳
❻ Zen Zoo 珍珠茶館

Meaux

Disneyland

-en-Laye

N 12

Coulomm

PARIS

49

人物／安（Anne）
背景／巴黎人，巴黎資歷一輩子
職業／酒商行銷管理

ROUTE 3

女孩的巴黎

——逛街祕境與女人般的細緻香檳

看你住在哪一區，就可看出你是哪種人。
在巴黎，美食和時尚是他們唯一不會讓步的堅持，
巴黎女孩對美好生活的渴求，就像呼吸一樣自然。

→聖多諾黑市場廣
場是我在巴黎最愛
的角落之一。

　　安和我約在 1 區的聖多諾黑市場廣場（Place du Marché Saint-
Honoré），就藏匿在歌劇院大道（Avenue de l'Opéra）旁，沒幾步
就能走到這玻璃帷幕建築為中心的四方型廣場，這是我在巴黎最
愛的角落之一，周圍的綠蔭不經意地把這裡圈成充滿現代感的世
外桃源，很低調、很愜意、很讓人想念。

　　見面這天，安穿著牛仔襯衫、合身牛仔褲，踩著芭蕾平底鞋，
隨性拿著的是黑色紀梵希肩背包；戴著精緻低調的多樣飾品，配
上指尖的丹寧色指甲油；巴黎女人的纖瘦和骨感，配上精準的
時尚眼光，輕輕鬆鬆撐起一身時髦穿搭。安是富有的 17 區長大
的巴黎女孩，受良好教育，標準的外冷內熱，曾在上海實習過
一段時間，現在則回到巴黎擔任頂級酒商路易·侯德爾（Louis
Roederer）的行銷管理，在如夢似幻的香檳世界裡打著營銷的硬
仗。

　　「夏天就該喝粉紅酒（Rosé）！」安和我很有默契地點了相同
的粉紅酒，相視而笑。就這麼坐在向著街道的露天座位，看著熙
來攘往的人群，索性玩起「猜猜他住哪一區？」的遊戲。

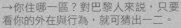
→你住哪一區？對巴黎人來說，只要看你的外在與行為，就可猜出一二。

　　一對穿著略顯隆重的夫妻，先生穿著西裝、別著袖扣，太太踩著高跟鞋、拿著柏金包，開口聊的盡是美食和政治，我們猜他們很可能剛從 7 或 16 區開車過來透透氣；一位穿著時髦的男士，與朋友聊天時聽來是個媒體人，點了一份蔬菜三明治，代步工具是重型機車，相當符合住在 3 或 4 區的 Bobo 特質；對街一位看來有些高傲的老太太，說話音調帶著壞脾氣，穿著講究、手裡拿著書，我們不禁異口同聲：「她應該是 6 區的房東太太吧！」隔壁桌的男士，V 領上衣、窄版卡其褲、寶藍色麂皮休閒鞋，袖子裡藏著看似中文字體的刺青，自在地享受著午後的閒適與手上冰涼的啤酒，我們隨性和他閒聊起來，發現他果然來自 11 區，有著藝術家的自由和不羈。

　　巴黎人有著強烈「地域認同」的觀念，這樣的情感不僅展現在對這個城市的情有獨鍾上，對於居住區域的選擇，更顯得小心翼翼，是馬虎不得的人生大事。巴黎市共畫分為 20 個行政區，每一個區基於歷史因素與居住人口特質，各自發展出迥異的特色與氣氛，因而開枝散葉般，各自活出獨樹一幟而鮮明的區域風格。

　　即使是很有個性、鮮少對事物有共識的巴黎人，對「住在巴黎哪一區，就代表你是哪種人」的觀念，卻難得意見一致，認為是亙古的真理；而且話匣子一開，一定精采得教你拍案叫絕。對巴

巴黎人對飲食的堅持，造就了美食名聲。

黎人來說，「居住區域」是一種身分、個性的表徵，比星座、血型更令人信服。這樣特別的城市現象，當然無法套用在所有巴黎人身上，但將它當作茶餘飯後的話題，開些無傷大雅的玩笑，也成為巴黎人一套不成文的寒喧用語。

巴黎人的美食狂熱

巴黎人是瘋狂的浪漫主義者，那樣極致高深的浪漫，卻需要全然的理想主義做為骨幹，強而有力地撐起這座城市的自尊。理想從此包裹著浪漫的糖衣，在生活裡恣意發光，舉凡藝術、建築、時尚、美食……都讓巴黎在世界文化裡叱吒風雲。然而，巴黎人始終在意的，其實是最平凡的日常飲食。

時常上米其林餐館的人非富即貴，一般市井小民倒也活得自在，向來不屑那些星級評等，畢竟法國傳統美食因子早已在血液中流動，從小養成敏銳、刁鑽的嘴，對食物異常挑剔，幾乎人人都是素人美食家，說一口流利的美食經。

「有一次，我和朋友聚餐，坐下點了瓶白酒後，竟聊天聊了快2個小時才想到還沒點餐，而且回頭才發現，我們聊的全是『食物』！2個小時，只聊食物！妳不覺得很誇張嗎？」安瞪大了雙眼說著。

巴黎人對美食的狂熱，若非親身感受，實在難以三言兩語道盡。他們喜歡傳統、欣賞原創性、熱愛異國美食、勇於嘗試，更無懼於表達最誠實、尖銳的感想；他們習慣在餐桌上辨別食材來源，喜歡為了美食進行沒輸沒贏、沒完沒了的辯論，即使如此，仍成癮般地樂在其中。

他們熱衷於尋找新的好餐廳，眾多各具特色的美食網站因而蓬勃發展，不僅成了當地人尋幽訪鮮的美食地圖，更是素人美食家聚集發表嚴厲評論的殘酷沙場。出發去巴黎前，不妨做做功課，找些新穎餐廳，擺脫如影隨行的觀光客大軍，活得像個舌尖驕傲的巴黎人。

熱門巴黎美食網站

lefooding.com

在巴黎非常受歡迎，不僅是美食網站，更發展出相當成熟的餐廳評比機制與年度獎項。目前只有法文網頁，即使得花時間使用字典或線上翻譯，也絕對值得一探究竟！

網址：www.lefooding.com

la fourchette

本網站具備法文、西班牙文、英文版本，資訊更新速度快、圖文豐富、介面好操作，許多餐廳都能直接在線上預約，非常方便。

網址：www.lafourchette.com

My Little Paris

以甜美插畫呈現巴黎人的理想生活，資訊包含食、衣、住、行，總是有極具創意的採訪主題。美食介紹點到為止，著重氣氛多過食物，但看來賞心悅目，是我每天必定造訪的網頁之一。目前有法、英兩版本，英文網頁尚不完整。

網址：www.mylittleparis.com

↑菜單上有拳擊手哈佐斯基的風光照片。

巴黎人瘋漢堡?

這一兩年,巴黎人正在瘋「漢堡」。

位於聖多諾黑市場廣場的哈佐斯基漢堡,坐擁這個廣場的最佳視野,端出一盤盤融合法式風味的美國漢堡,別有一番顛覆滋味。哈佐斯基是歐洲名聞遐邇的波蘭籍前拳擊手,後來移民美國。但他的名字在2006年某一天,以「新美食」之姿悄悄回到巴黎街頭,這幾年知名度大開,迅速竄升為高人氣漢堡店之一,已陸續在法國東南部城市里昂、巴黎左岸等地拓展分店。

曾有個巴黎朋友告訴我,如果在餐館裡點漢堡,真正的巴黎人都會使用刀叉食用,因為在法國傳統餐桌禮儀裡,主餐絕不能以手直接取用,那樣等於是扼殺了他們最在意的優雅。

自從聽說了這個故事,我時常偷偷觀察巴黎人的習慣,果不其然,許多當地人都高尚地以刀叉吃漢堡,當中又以年長者居多。但在一些氣氛較輕鬆的餐廳,還是能看見許多年輕人瀟灑地徒手大啖粗曠的美式風味,像是新世代擁抱世界的宣言,和生硬地拿

←道地的美國口味，份量卻很巴黎。

著筷子吃日本菜似乎是一樣的道理。

哈佐斯基漢堡便是其中一處瀰漫愜意氛圍的餐館。在這個和暖的日子，坐在半露天遮陽棚下，喝著冰涼的粉紅酒，熱騰騰的招牌培根起士堡佐著薯條與生菜一起上桌。沒有美國那樣瘋狂、令人備感壓力的份量，減量的起司、增量的蔬果，這裡的漢堡顯得小巧而樸實。一口咬下，吃得出是上等牛肉、食材新鮮、火侯恰到好處，不油膩卻很紮實，令人印象深刻。

「巴黎女人都吃不胖嗎？」這是很多人的疑問。安笑著說：「不。我們只是吃得很健康。我們必須學會認識食材，才能知道究竟把什麼東西吃下肚。」接著無私分享了她既能享受美食，又能維持完美身材的幾個守則：「第一，永遠記得，新鮮、自然的食材不會讓人發胖；第二，一週只能放縱一次，吃些不健康的東西。（你心裡一定明白哪些東西不夠健康。）；第三，不吃宵夜。」

如果能謹記這些巴黎女人永保好身材的真理，也許我們能活得更隨心所欲一些，不必總是困在控制食慾的負面情緒裡，吃得過度節制或充滿罪惡感。學會分辨食材的新鮮度，從美食中得到窈窕與健康，便能活得像巴黎女人，盡情享受美食、輕鬆駕馭時尚，擁有滋味無窮的美好人生！

哈佐斯基漢堡 Razowski's
地　　址：38 Place du Marché Saint-Honoré, 75001 Paris
電話：+33 1 42 96 53 20
網址：www.razowski.fr/
Ⓜ 7 或 14 Pyramides 站，步行約 10 分鐘；3、7 或 14 Opéra 站，步行約 15 分鐘。

「巴黎化」的漢堡，除了 1 區的哈佐斯基，安也很愛 2 區的 Blend 和 10 區的 PNY，但建議大家去 PNY 吃午餐，避免晚餐時間，因為地鐵站 Château d'Eau 附近人口組成較複雜，治安不佳，更不建議女生單獨前往。

Blend 漢堡
44 rue d'Argout, 75002 Paris
+33 1 40 26 84 57
www.blendhamburger.com
Ⓜ 3 Sentier 站步行約 15 分鐘

Paris New York 漢堡（PNY）
50 Rue du Faubourg Saint-Denis, 75010 Paris
+33 1 47 70 15 24
www.pny-hamburgers.fr
Ⓜ 4 Château d'Eau 站步行約 10 分鐘

A girl should be two things: classy and fabulous."
Coco Chanel

CELINE

24 RUE
FRANÇOIS IER
16 RUE
DE GRENELLE
PARIS

巴黎女孩眼中的時尚世界

「一個女孩需具備兩件事情：優雅與高尚。」——可可‧香奈兒

"A girl should be two things： classy and fabulous." — Coco Chanel

很多人對巴黎懷抱著「時尚狂想」，認為巴黎走在全球時尚尖端，大街上應該隨時上演目不暇給的街頭時裝秀；然而，滿心期待的你終於踏進了這個城市，卻發現事實遠不如預期，大失所望之際，恐怕只能和其他走馬看花的遊客一樣敗興而歸。

其實，要長時間待在巴黎，才真正體會「巴黎人很時尚」的觀念建立在兩個前提上：如果你想看巴黎街頭服裝秀，得挑對區域和時間，否則很可能花上大半天，觀賞的僅是世界各地來的遊客；再者，時尚從不是舉世通則，而是被社會、人群定義的衣著藝術，因地制宜、因人而異，主觀得很。

←名牌很美，但對巴黎女人來說，適合自己更重要。

　　如果你想看森林系或多層次混搭，那是東京；如果你喜歡女人像名媛奧利維亞·巴勒莫（Olivia Palermo）一樣帶著耀眼大項鍊，那是紐約；如果你期待看到龐克風格或大膽配色，那是倫敦；如果你欣賞女人穿著一身粉紅配上白色皮草大衣，那是莫斯科。

　　在巴黎，除了那些想搏版面、出風頭的時裝週人物，日常生活裡的時尚巴黎人，穿得非常低調、極其簡單。黑、灰、深藍、駝色是冬天的顏色，夏天則加入白色、牛仔色或少許粉嫩或鮮豔色，重視歷久不衰的個人風格，而非稍縱即逝的流行趨勢。他們看重質感、剪裁，無法忍受眼花撩亂，就像香奈兒女士曾說的：「簡約是優雅的基調。」剛剛好就足夠，多了就亂了、亂了就不優雅了。

　　剛到巴黎時，我滿櫃子彩虹般的衣服完全派不上用場，因為穿得太花俏太像觀光客，很容易惹來不良分子注意，錢財、人身安全恐受威脅，只好從頭開始，重修專屬於巴黎的時尚課程。當我離開這個城市時，穿著駝色大衣，身上只有 2 個顏色，帶回滿山滿谷的基本色調，更從此離不開帶給我極度安全感的黑色。

　　巴黎女孩眼裡的時尚，沒有我這樣劇烈的轉折或陣痛，畢竟從小耳濡目染，加上家庭和政府都非常重視美感與藝術教育，她們普遍在年紀很小時便培養出強烈的時尚感知。

　　「我很關心時尚趨勢，但我知道我適合什麼、不適合什麼，所以一向只買適合我的衣服，無法盲目追求流行。」安抽著細菸，繼續形容她的時尚世界：「包包呢……我從不喜歡路易威登，因為太多人有了，我不想跟別人一樣。父母在我 25 歲生日送給我一個香奈兒 2.55，我會一輩子珍惜它，它是太有個性的品牌。這幾年，我也喜歡 Chloé、Céline，然後，我以後一定要擁有愛馬仕！」

　　除了以上這些夢幻逸品，安也熱愛一些價格比較親民、適合日常穿搭的法國品牌，想穿得像個巴黎女人，先把腦袋裡的舊觀念清空，重新認識自己的體型、定義自己的風格，然後把口袋養深、把信用卡帶上、穿雙好走的美鞋，走吧，我們去逛街！

　　不必在百貨公司裡人擠人，忍受品質低落的購物環境；我們優雅地漫步左岸，逛一逛許多法國品牌與新銳設計師小店，開門別忘了輕聲說：「Bonjour！」再放肆戀上法國人優雅而精緻的美感。

中性帶點小女人的巴黎風

　　Maje 由設計師朱迪恩（Judith Milgrom）於 1999 年創立，是巴黎女孩深深著迷的時尚品牌，標準的巴黎風格，用色非常低調，夏天才有機會出現一兩款亮色洋裝，剪裁帶著經典名牌的明快、俐落感，穿上就能看見很不一樣的氣勢。Maje 的設計極富女人味，即使是中性款式，仍能在細節處看見細膩，總能不經意地讓女人小露性感，非常迷人。

↑ 從櫥窗設計就能看出 Maje 的
低調風格。

↑ 有別於 Maje，Sandro 的款式選擇更多元。

Maje 不僅是巴黎女孩的心頭好，甚至成為特定時尚風格的形容詞，如果有人說：「妳這樣穿很 Maje ！」絕對是悅耳的讚美！

Maje @6 區
42 rue du Four 75006 Paris
+33 1 42 22 43 69
fr.maje.com/fr/homepage
Ⓜ④ Saint-Sulpice 站步行約 15 分鐘；或❿ Mabillon 站步行約 10 分鐘

波希米亞與復古並存的舒適

1984 年，Sandro 由艾芙琳（Evelyne Chetrite）與迪迪（Didier Chetrite）夫婦聯手創立，現在女裝、男裝系列皆備，是相當成熟的法國品牌。有趣的是，其實艾芙琳就是 Maje 設計師的姊姊，所以這 2 個品牌如果在某些時刻有些非常相似的設計，大家不必太過驚訝。

Sandro 的設計整體而言較 Maje 保守，但揉合復古元素與淡淡的波希米亞風格，能輕鬆穿出帶些愜意的巴黎時尚。款式選擇非常多，不論男女只要一踏入店裡，很難空手離開，在優雅風情裡藏著不可思議的吸引力。

Sandro @6 區
25 rue Saint-Sulpice, 75006 Paris
+33 1 45 44 45 01
www.sandro-paris.com
Ⓜ❿ Mabillon 站步行約 15 分鐘

→ 簡單 T 恤符合巴黎
人的低調口味。

→ 女孩風的洋
裝顏色飽滿，
設計夢幻。

花俏可愛的巴黎女孩風

Claudie Pierlot 成立於 1983 年，風格鮮明，圓裙、蝴蝶結、復古洋裝、條紋、圓點，設計裡處處藏著女孩的純真，展現一種愉快、優雅的特色，比較類似亞洲人想像中的巴黎風格。巴黎女孩特別喜歡休閒款式的上衣，或帶著細緻驚喜的單品，穿出舒適的女孩味。

Claudie Pierlot 與 Maje、Sandro 同屬 SCMP 集團，SCMP 集團在 2010 年被 LVMH 收購，接著又於 2013 年被知名私募基金 KKR 買下過半股權，這 3 個巴黎品牌從此大舉進軍國際市場，但如此巴黎味的設計風格能否突破巴黎的城牆？各品牌設計師是否能堅持初衷，或選擇改變風格以迎合市場口味？不論如何，我只期盼他們能永遠「那麼巴黎」，保留那份剛剛好的簡約、恰如其分的優雅。

Claudie Pierlot @6 區
23 rue du Vieux-Colombier, 75006 Paris
+33 1 46 33 84 56
www.claudiepierlot.fr
Ⓜ④ Saint-Sulpice 站步行約 3 分鐘

雅痞的簡單黑白調

The Kooples 由埃利沙（Elicha）三兄弟於 2008 年成立，以個性十足、態度強烈的「素人情侶宣傳廣告」狂

掃各大媒體，是個有著明確雅痞風格，更有大筆資金撐腰的新興時尚品牌。店內裝潢與服裝設計都以黑白色系為基調，巴黎味加入濃郁的英倫龐克氣息，一時之間還有些不太習慣，但它無疑已成功征服許多巴黎人的時尚口味。

The Kooples @6 區
61 Rue de Rennes, 75006 Paris
+33 1 45 44 89 03
www.thekooples.com
Ⓜ④ Saint-Sulpice 站步行約 10 分鐘

巴黎女孩鞋櫃必有的芭蕾舞鞋

1947 成立的 Repetto 在亞洲知名度很高，他們的芭蕾舞鞋更是許多遊客訪法必買清單前五名。法國製的完美品質，蘊含著品牌創辦人羅斯（Rose Repetto）對兒子的愛、對夢想的堅持，是個充滿溫暖的時尚品牌。安說：「巴黎女孩鞋櫃裡一定有一雙 Repetto。」

6 區這家店觀光客比較少，能從容不迫地試穿各種楦型、顏色，最後，像個巴黎女人那麼優雅地，踩上一雙 Repetto，推開大門，繼續探索花繁似錦、千姿百態的巴黎。時光也許能變得慷慨些，讓人慢慢地、牢牢地記住這個城市的迷人面貌。

麗派朵芭蕾舞鞋 Repetto @6 區
51 Rue du Four, 75006 Paris
+33 1 45 44 98 65
www.repetto.com
Ⓜ④ Saint-Sulpice 站步行約 10 分鐘；
或⑩ Mabillon 站步行約 10 分鐘

誰能不愛香檳？美妙香檳一日遊！

香檳一向是我最著迷的飲品，澄澈的金黃、在舌間跳躍的細緻汽泡，吞下一口輕微的刺激，隨著溫熱流瀉而下，微醺接著緩緩上升，在眼神裡來回盪漾；雖口袋不夠深，不堪成癮，但若在菜單上、餐桌上、派對上看見她的蹤跡，還真是很難抗拒，只好登高一呼乾杯，暢飲這份天賜的玉液。

倒也不是想為自己辯解，但似乎許多歷史上的名人都和我分享著相同的想望，香奈兒女士曾說：「我只在兩種情況下喝香檳，當我正在戀愛的時候，或是當我不在戀愛的時候。」而法王路易十五的情人龐巴度夫人則說：「香檳是唯一一種女人喝了之後，會變得更美的酒。」

對香檳的沉迷似乎無藥可解，我決定熱情擁抱這個癮，來一趟香檳區的美好旅程！

↑葡萄園的美景讓人心胸頓時開闊！

↑→嚮導克里斯多弗為我們介紹
許多葡萄酒知識

　　在侍酒師朋友介紹下，我們預約了香檳區的私人嚮導服務 La Vigne du Roy，起了個大早，滿懷期待地坐上駛向漢斯（Reims）的列車——香檳區，我們來了！

　　在車站口等著的是導遊兼司機克里斯多弗，英國人、來自倫敦，一口字正腔圓的英式英文，非常適合需要英文嚮導的旅人。由於我前幾年已經陸續參觀過幾個香檳大廠，也對他們過於商業化的經營模式不感興趣，所以當初與 La Vigne du Roy 團隊討論一日遊行程規畫時，便希望他們能安排一些小規模、家族經營的香檳廠，想親眼見識這些法國匠人的理念與堅持。La Vigne du Roy 也非常樂於配合，安排了 3 間小型香檳廠的參觀與品飲行程，很是貼心！

　　克里斯多弗是個非常盡責也相當好相處的導遊，一路上無間斷地介紹香檳區的歷史故事，他的幽默不時逗得我們哈哈大笑，全然忘卻車子在葡萄園裡行駛的顛簸。在葡萄園裡的實地講解，則讓旅人徜徉於法式風情的鄉村景緻，呼吸帶著清新葡萄香的空氣，與熱情的人們寒暄致意，感受有別於巴黎的溫馨氛圍。

窖藏香檳選擇的葡萄品質更加嚴格。

↑在葡萄產區買酒，價格會便宜一些。

↑ Cheers！

　　旅程最後，造訪一間又一間香檳廠，遊覽香檳釀造的藝術，更逐杯品飲這令皇室貴族都臣服的微醺滋味；也可以用非常友善的當地價格，將心靈與口慾的豐盛打包回家。

關於香檳兩三事

　　香檳就是氣泡酒，但只有法國香檳區產的氣泡酒才叫作香檳。因為法國政府對於香檳的釀造方法、品質要求、葡萄品種、產區皆有嚴格限制，質優、產量少，因而價格較氣泡酒高出許多。

　　香檳的酒體結構完整、酸度適中，氣泡非常細緻，入口滑順，絕不會有汽水一般的粗糙口感。

　　釀製香檳只使用 3 種葡萄：夏多內（Chardonnay）口味溫潤只以此釀製的香檳稱為白中白香檳（Blanc de Blancs）；黑皮諾（Pinot Noir）則較濃郁陽剛，只以黑皮諾釀製的香檳叫黑中白香

檳（Blanc de Noirs）；莫尼耶皮諾（Pinot Meunier）則通常作為中介，幫助讓香檳達到最完美協調的境界。若是使用 2 種以上的葡萄釀製的香檳，則無特定名稱。

在酒標上，皆有標示香檳甜度，從極不甜到極甜，分別是：絕乾（Brut Natural）、特乾（Extra Brut）、乾（Brut）、半甜或半乾（Extra Sec 或 Extra Dry）、甜（Sec）、特甜（Demi-Sec）、絕甜（Doux）。

香檳分為年份香檳及無年份香檳，年份香檳只選用優良年份所生產的葡萄釀製而成，至少 3 ～ 7 年的窖藏陳年時間；無年份香檳則無以上規定。

La Vigne du Roy 酒莊旅遊行程
51100 Reims, France
+33 6 31 86 59 23，+33 3 51 42 99 70
www.lavigneduroy.com
※ 行程可選擇一日遊、半日遊，有專人嚮導、接送。需事先預約，可使用 e-mail（visite@lavigneduroy.com）、電話。

Cheteâu d'Eau 站
❸

Ⓜ Opéra 站

Bd Montmartre

Av. de l'Opéra

Rue Réaumur

Bd de Strasbourg

Ⓜ Sentier 站

❶

Ⓜ Pyramides 站

❷

❶ 哈佐斯基漢堡 Razowski's
❷ Blend 漢堡
❸ PNY 漢堡

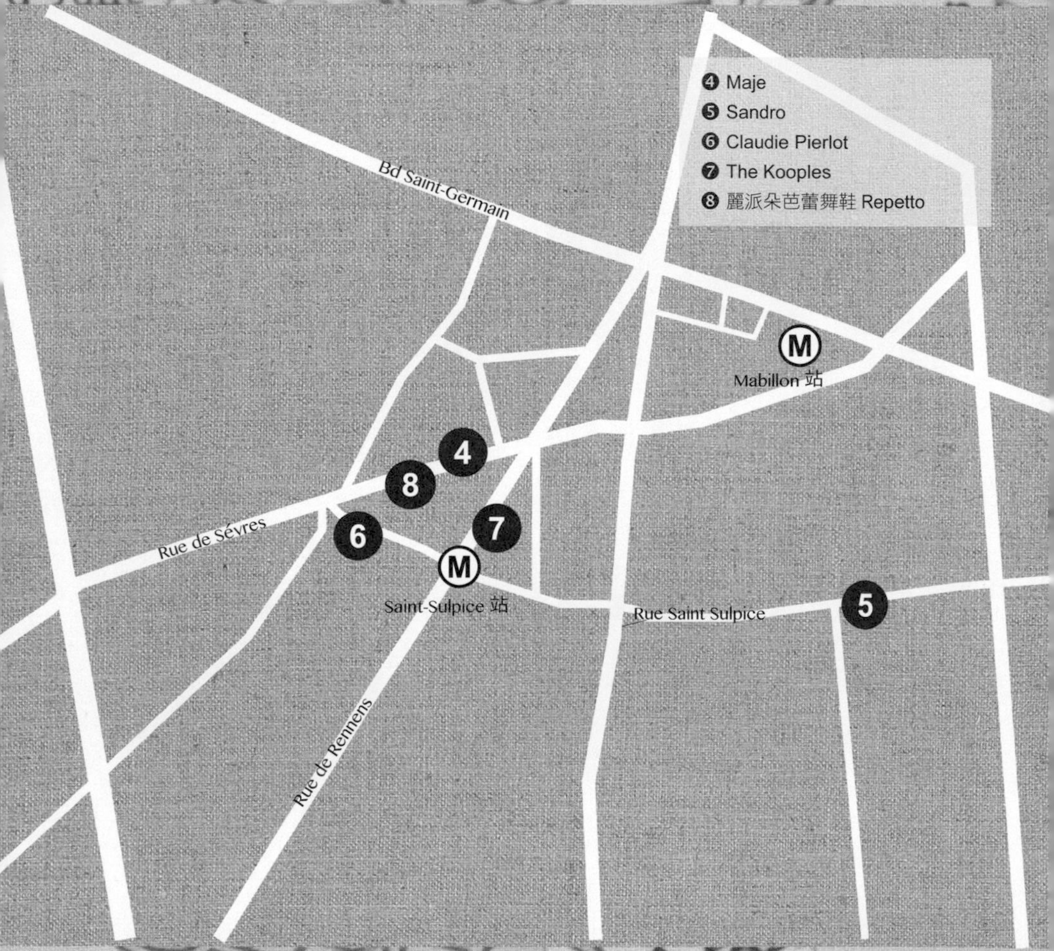

4 Maje
5 Sandro
6 Claudie Pierlot
7 The Kooples
8 麗派朵芭蕾舞鞋 Repetto

Bd Saint-Germain

Ⓜ Mabillon 站

Rue de Sèvres

4

8

7

6

Ⓜ
Saint-Sulpice 站

Rue Saint Sulpice

5

Rue de Rennens

-en-Laye
N 12

Coulomm

PARIS

Versailles
N 4

N 159 Pro

llet
100   A 10

Corbeil
Essonnes

Melun   N 19

Monter

73

人物／瑪馨（Marine）
背景／巴黎人，巴黎資歷一輩子
職業／室內設計師

ROUTE 4

BOBO 的巴黎

—— 領導巴黎時尚，追求自由生活

Bobo 就是「布爾喬亞波西米亞」，
擁有中產階級的消費力，崇尚波西米亞的自由創意，
又比 80 年代的雅痞更關注社會、生態議題，
成為許多巴黎年輕人爭相效法的指標。

→公寓中間的天井，讓陽
光穿透到房內每個角落。

　　氣喘吁吁地爬上螺旋型階
梯，窗外透進早春微寒的空
氣，陽光卻大把灑了進來。
按著租屋網站上的資訊，先
通過 2 道數字鎖的關卡，
接著一階一階地爬、一層又
一層地數著，終於到達這個
典型巴黎公寓頂樓。深吸一
口氣，我按下門鈴，應門的
竟是位蓄著鬍、體型高大而
神情嚴肅的法國男人，就在
我驚嚇地說不出話的時候，
後頭傳來清亮的嗓音：「南
西？」

　　轉頭才發現，我真正的
房東從門後探出頭來，原來
我找錯門了，莽撞地擾了鄰
居的清夢。連聲道歉後，
回頭才真正看見之前僅止
於 e-mail 往來的房東——瑪
馨。我怎麼也不敢相信，眼

前這位纖瘦、高挑、擁有完美比例的女人竟已是 3 個孩子的媽！還來不及好好打招呼、匆匆親吻臉頰後，瑪馨便領著我再上一層階梯，進入這個流淌陽光、只能以「夢幻」形容的法式公寓。

聽我說著樓下還有許多行李和同行友人在等著，瑪馨二話不說陪著我一起飛快到了樓下，開始把行李一件件往上搬。她踩著高跟短靴，以不可思議的速度上下奔波，俐落的身手讓我們這些亞洲女人嘆為觀止，媽媽更是連聲道謝，只見瑪馨帥氣回應：「沒關係！我每天都這樣上上下下，畢竟每天都要搬水果和牛奶呀！」終於，費了一番工夫，所有人和行囊都抵達頂樓，這個我們即將待上 2 星期的新家。

↑從屋內的擺設可以看出，主人熱愛具有故事的文化。

↑溫暖的空間，就算每天都得爬樓梯也甘之如飴！

　　所有人都被眼前的景象迷暈了，一時之間只有驚嘆聲，瑪馨帶著我們繞了房子一圈。寬敞的公寓，正中央有個天井，燦麗的陽光穿過玻璃窗幾乎落到屋裡每個角落，古董櫃上擺著法國家家戶戶必有的金屬邊框鏡，深色木頭地板則讓我想起以前住在巴黎的公寓，老舊卻充滿歷史感。餐廳擺了張巨大的木餐桌，對著一扇敞開的窗，客廳則擺滿四處收集來的古董家具，點綴著在世界各地旅行時採買的紀念品。

　　怎麼找到這間夢幻小屋的呢？故事要從幾個月前說起。

　　聽聞我這個曾經待過巴黎的半調子巴黎人難得要回來一趟，世界各地的親朋好友說什麼都得一同湊湊熱鬧。為了尋找一次容得下近 10 個人、又位在巴黎市中心的房子，花了好長時間。畢竟要符合預算，又要在那幾個我住得慣、治安良好、交通方便的區，空間上也有諸多堅持，看似沒有盡頭的尋尋覓覓，竟讓我有種想打退堂鼓的失落。

　　但突然之間，這個位在巴士底的頂樓公寓，就像及時雨，澆得我大聲歡呼，唯一美中不足之處是沒有電梯，但我們這麼走一趟上來，雖然勞累卻也充滿歡笑聲，未嘗不是件難忘的旅行趣事。

←即使高朋滿座，老
闆卻一心期待著夏天
的假期。

　　瑪馨有著法國人特有的高顴骨，皮膚是漂亮的小麥色，穿著白
襯衫和貼身牛仔褲，簡單卻非常時髦。說話時表情豐富，加上那
些法國人慣用的手勢，給人一種手舞足蹈的錯覺，讓我對她的生
活多了份好奇，在我大膽提出希望能多了解她，瑪馨也爽快的答
應了！

最在地的巴黎咖啡館

　　瑪馨首先帶我來到公寓附近的 PAUSE CAFÉ，典型的巴黎咖啡
館，但由於位處自由風氣特別強烈的巴士底廣場附近，更顯現出
奔放、多元的風格。光是食物，就十分多樣化，從一般小酒館常
見的法式漢堡、鹹派、牛排佐薯條，到融合越式河粉的沙拉、番
茄冷湯、彩椒佐法國捲心葉沙拉等，應有盡有，加上親民的價格，
吸引來自巴黎各地區的饕客。

　　瑪馨一進到店裡，便熟稔地與老闆聊起天來。老闆說：「今年
恐怕是景氣不好，夏天過了大半，這群人還沒去度假（手指著滿
座的客戶），我已經迫不及待下週要去度假了！」老闆聳聳肩，
無奈地笑笑。

　　法國人呀法國人！我以為闊別 3 年，不會忘記你太多，但老闆這麼一說，還是有種抵擋不住的文化差異感。生意好不是件好事嗎？但對法國人來說，賺錢並非唯一樂事，輕鬆愜意的度假時光與對得起自己的舒適安排，才是人生存在目的。我笑了笑，總覺得巴黎正以熟悉的姿態重新歡迎著我。

　　亮澄澄的陽光灑落在 PAUSE CAFÉ 的白色雨棚上，把桌上的兩杯冰涼的白啤酒照得老亮，對巴黎的想念，時常藏在酒杯裡，所以特別迷戀玻璃杯清亮的碰撞聲響。

PAUSE CAFÉ
41 Rue de Charonne, 75011 Paris
+33 1 48 06 80 33
Ⓜ⑧ Ledru-Rollin 站步行約 10 分鐘

↑瑪馨與老公都從事創意工作,生活也非常自由。

任性巴黎人,最擅長勇敢逐夢!

　　深入與瑪馨聊天,我才知道她原來是外交官的女兒,從小跟著父母四處居住,包含伊朗、約旦、莫斯科、非洲、法國等地,有個精采而令人難忘的童年。一直到 15 歲,才在父母安排下跟著兩個哥哥回到巴黎讀書。身為唯一的女孩,她可說是暫代了媽媽的角色,照料家中大小瑣事,伴隨著開闊眼界與奔波經歷下的溫暖與體貼,讓她有別於一般巴黎人的傲氣,反而多了溫柔的謙遜。

　　瑪馨在家人期望中完成了商學院學業,也順利進入金融產業工作,卻苦尋不著成就感。念頭一轉,才驚覺自己對藝術不間歇的熱愛,便毅然決然前往比利時著名的繪畫藝術學院進修,雖然艱辛,她嚐來竟如醉如癡!

　　「原來這才是我生來該做的事!」沉浸在藝術裡的愉悅和自信,讓瑪馨不僅找到人生方向,更決心勇敢追夢。瑪馨現在是一位成功的室內設計裝潢家,客戶遍及歐洲,全都慕名遠道而來,只為求得她空間布置的品味與才華。「如果我不夠任性,也許現在正過著索然無味的人生。」瑪馨釋然地說。

→光看門口滿滿人潮,就可知道
巴黎人對越南風情有多著迷。

不只熱愛工作,瑪馨更有著令人稱羨的家庭生活。「婚姻需要
悉心經營,老實說,跟經營公司沒兩樣。」瑪馨笑著說。她和對
她一見鍾情的丈夫愛情長跑多年,結婚、生了 3 個孩子。先生是
位紀錄片導演,工作時常四處為家,過程中當然有低潮。

「一年兩次,我們會拋下孩子,到遙遠的地方度假,享受兩人
時光。如果只有兩人在家,我們喜歡打開一瓶紅酒,暢談一夜。
我先生常常開玩笑說,只要我們不要變成室友,就代表還愛著彼
此。」保持戀愛的感覺,是婚姻常保新鮮的不二法門,看著瑪馨
脂粉未施但美麗的臉龐,與她最愛的藍色衣服相輝映,散發著自
信的耀眼光芒,真是美極了!

不可或缺的越南風情

今天帶著一大群亞洲來的親友,瑪馨要帶我們體驗巴黎的越南
風味。店名是直白得令人期待的「巴黎河內」,雖然已經提早抵
達,但門口的長長人龍倒意氣揚揚,得意宣示晚來的得在這兒耗
上些時光,幸好店裡傳來的陣陣香氣,稍稍安撫了躁動的味蕾。

巴黎的每一區都有著獨特個性,我問瑪馨,為什麼選擇居住在
這個非常熱鬧、充滿自由氣氛、藝術氣息濃厚的 11 區?竟意外
得到了寓意深刻的答案:「11 區生活機能方便,雖然餐廳、酒吧
都多,有些吵雜,但這代表一種多元性,就像個很活絡的小型社
會。所以這裡很『真實』!」瑪馨接著說:「我的孩子能看見巴

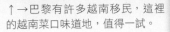
↑→巴黎有許多越南移民，這裡的越南菜口味道地，值得一試。

黎不只有 7、16 那些富人區裡模板般的幸福。真實世界裡，人們因為命運與選擇的差異，過著截然不同的生活。我們都得學習尊重不同的文化、不一樣的人生，更要重視自己的每一個選擇。」

我真心佩服瑪馨的用心，也相信這樣的社會教育，將反應在孩子的心靈成長上。也許下一個世代的他們，更懂得將心比心、感同身受，然後創建出更美好的世界。

等了將近半小時，終於輪到可容納 6 人的大桌。飢腸轆轆的我們，不一會兒便把爽口的雞肉鮮蝦沙拉、炸得酥脆的越式春捲、鮮嫩入味的牛肉河粉、雞肉乾拌河粉等一掃而空，盆光缽淨，大呼過癮！從飲食談文化一向是最輕快的手法，族群衝突、文化差異，也許在這些巴黎人夯不啷噹拿著筷子吃完一碗河粉並大呼美味的時刻，便連煙硝也幻化不成，倒像熱湯的一襲裊裊輕煙，低語著：「先吃飽再說。」

巴黎河內餐廳 Paris Hanoi
74 rue de Charonne, 75011 PARIS
+33 1 47 00 47 59
www.parishanoi.fr
Ⓜ❾ Charonne 站步行約 10 分鐘；
或❽ Ledru-Rollin 站步行約 10 分鐘

↑ Bobo 說:「好酒讓生活更 　↑ 老舊公寓經過改造，更有特色與美感。
完美！」

美好人生自己定義

　　「妳覺得妳是 Bobo 嗎？」我勉強擠出尷尬的笑容，終於鼓起勇氣問了這個問題；聽說個性派巴黎人即使活得很 Bobo，仍舊很難開口承認這個褒貶不一的身分。瑪馨倒是一臉輕鬆地開懷大笑，大方地笑著承認：「我是呀！」

　　Bobo 是布爾喬亞波西米亞（Bourgeois Bohemian）的簡稱，這個族群擁有中產階級的消費力，也崇尚波西米亞式的自由與創意，有點像80年代的雅痞，但對社會、生態等議題有著更多關心。不過，有些巴黎人認為 Bobo 根本上就是個矛盾的辭彙，因為如果你是有錢的中產階級，怎麼可能具備不在乎金錢的波西米亞思想？姑且不論社會上的嘲諷與評論，這十幾年來，Bobo 對於時尚、餐飲、生活等偏好，無疑是巴黎年輕人爭相效法、趨之若鶩的品味指標。

　　我認識不少符合 Bobo 特質的巴黎人，大都住在 2、3、4、10、11 區，現在漸有遍布全巴黎的趨勢。很多 Bobo 在藝術或時尚產業工作，對美學敏感、對生活講究，他們通常很有創意，喜歡老舊公寓，然後巧手改造成他們的窩；他們大多很懂時尚，不迷戀名牌，卻有自己的風格；他們關心社會議題，重視自由平等，政治傾向通常偏左；他們熱愛有機和健康，關心生態議題。

這些形容，讓瑪馨活現眼前：時尚有型的設計人，公寓布滿創意巧思，關心社會、尊重多元，享受生活裡的美好細節；重視飲食、喜歡做菜——特別喜歡做中國菜——喜歡美酒，認為適量的好酒讓生活更臻完美。

親自採買一桌法式早午餐

清晨下了一場大雨，洗刷一夜的喧囂；半夢半醒之間，和煦陽光再次露臉，瑪馨提議到週末市集逛逛，買最新鮮、從法國各處產地直送的當令食材，再買一支自然釀造的有機紅酒，備一桌令人垂涎欲滴的巴黎式週日早午餐！

這個週四、週日營業的大型市集，就坐落在巴士底廣場旁最寬的大道——理查勒努瓦大道（Boulevard Richard Lenoir），也被稱為巴士底市集。

兩條單向道路夾著寬闊的行人徒步區，乘載著一望無際的綠蔭，攤位整齊地排列在樹下，搭配上悅耳的叫賣聲、熙來攘往的人潮，還有陣陣撲鼻的香氣，Voilà！熱鬧的市集之旅就此展開。

首先映入眼簾的是令人眼花撩亂的鮮花鋪子，大把嬌豔的薔薇、多樣的花卉盆栽植物、乾燥的薰衣草，好似把南法的陽光也

↓市集兩旁綠蔭夾道，非常愜意。

↑在鮮花舖買一束新鮮薰衣草，好一個芬芳早晨！

一併帶到這裡；販售新鮮蔬果的攤位則大方將彩虹般的蔬果一字排開，配上種類繁多的飽滿菌菇，買就送一把西洋芹，這樣友善的人情味，再熟悉不過；藍色雨棚下的海鮮攤子，擺著琳瑯滿目、新鮮又價廉的生熟鮮蝦、各式魚蚌，還有選擇多到不可思議的生蠔專區，讓海鮮迷彷彿置身天堂！

不想下廚的也能玩得盡興，稱斤兩豪氣販售的法國麵包，種類多到值得開門授課；起司、火腿、橄欖選擇加起來不下 500 種，想試吃只管開口；熱騰騰的可麗餅、黎巴嫩烤餅，口味自由搭配，現做只要 5 分鐘；熟食專區不僅有來自亞洲的各式異國佳餚，還有烤得金黃發亮的香料雞佐雞油拌炒新鮮馬鈴薯，簡直是人間美味！若想來杯餐酒，這裡有小農自釀的紅白酒和粉紅酒，何不帶瓶冰涼的粉紅酒回家，從前菜一路吃到甜點，和最愛的家人享受這極其簡單、卻加倍幸福的美好時光。

巴士底市集 Marché Richard Lenoir
Boulevard Richard Lenoir, 75011 Paris
Ⓜ 1、5、8 Bastile 站步行約 5 分鐘；
或 5 Bréguet–Sabin 站出口直達
※ 營業時間：週四 7：00 ～ 14：30、週日 7：00 ～ 15：00

←各種生鮮蔬果種類繁多，讓人眼花撩亂。

↑買點新鮮生蠔配酒,樸實又奢華的法國 滋味!

↑一桌琳瑯滿目的法式早午餐,去趟市集就能完成!

Bobo 熱愛設計師品牌

瑪馨更特別推薦在巴士底廣場附近的逛街好去處,這家複合式服裝店販售許多法國新興設計師品牌作品。質感上乘、款式新穎,看得出店主的時尚品味,嗅到些不張揚的 Bobo 風格,有一些低調、有一點任性、非常巴黎!

沙漠櫃檯 Comptoir du Désert
74 rue de la Roquette, 75011 Paris
+33 1 40 21 01 71
Ⓜ 9 Voltaire 站(步行約 10 分鐘;
或 1 、 5 、 8 Bastile 站步行約 15 分鐘

→巴士底廣場附近也有許多設計師品牌。

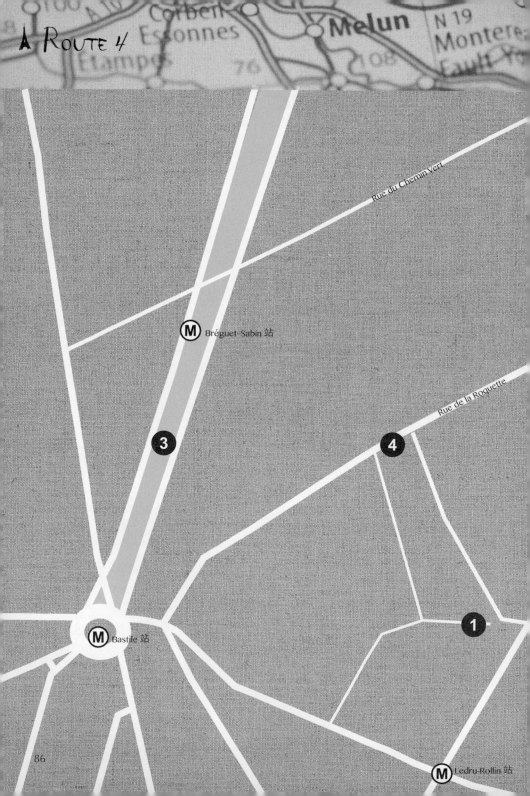

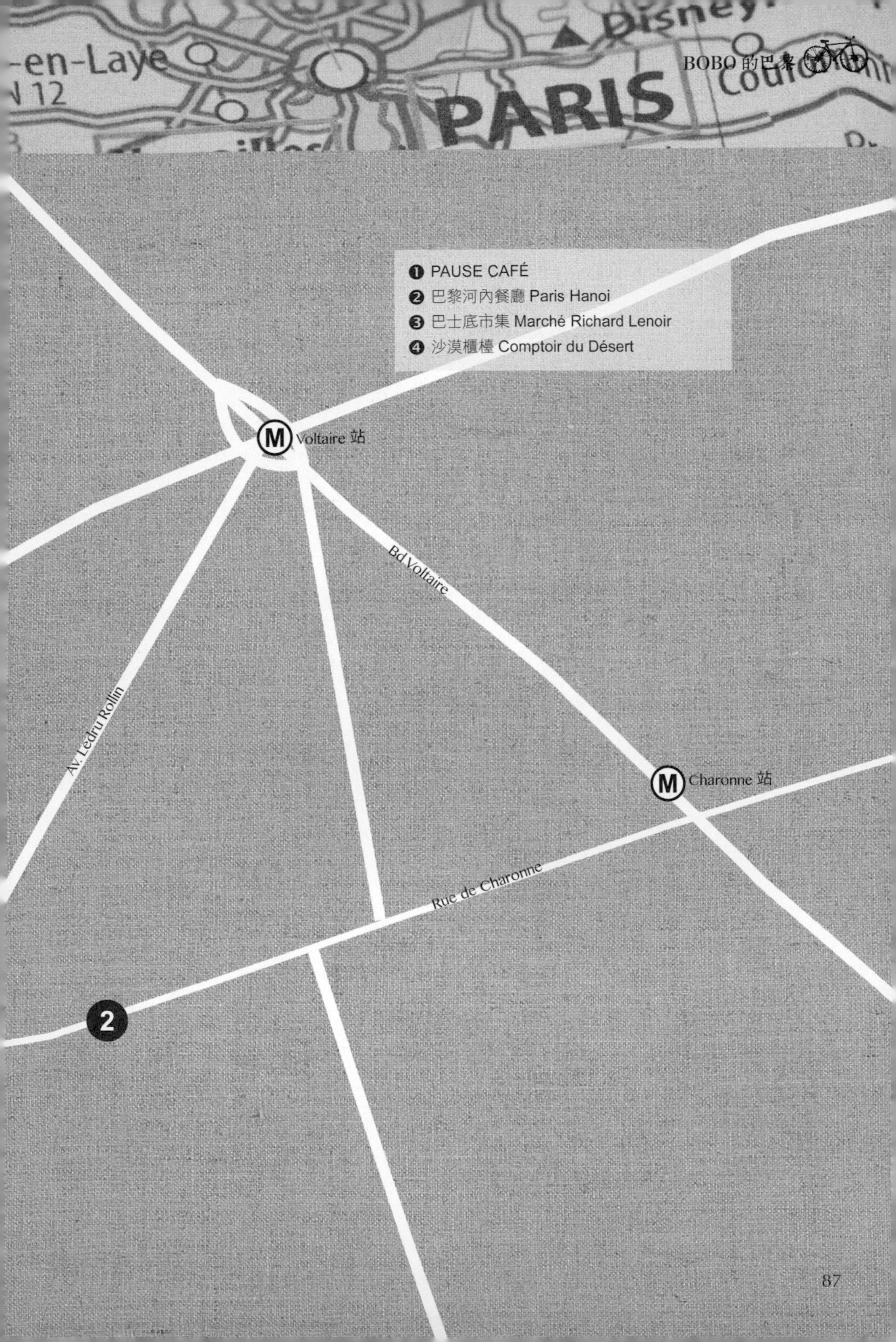

PARIS

① PAUSE CAFÉ
② 巴黎河內餐廳 Paris Hanoi
③ 巴士底市集 Marché Richard Lenoir
④ 沙漠櫃檯 Comptoir du Désert

Ⓜ Voltaire 站

Bd Voltaire

Av. Ledru Rollin

Ⓜ Charonne 站

Rue de Charonne

②

人物╱克里斯多弗・侯賓（Christophe Robin）
背景╱法國人，巴黎資歷 26 年
職業╱國際級時尚染護大師

ROUTE 5

時尚大師的巴黎

——好好打扮、逛逛市集、品嚐巷口美食

探索國際知名染髮大師克里斯多弗的高級髮廊，
與他逛逛巴黎最古老的紅孩子市集，
尋找樸實而親切的人情味。
「我不是巴黎人，只是努力把巴黎活成自己的家鄉罷了。」

　　那是個再普通不過的仲夏午後，我在巴黎東奔西跑地忙碌著，最後買了杯果汁走到杜樂麗花園裡的長椅上坐了下來，看巴黎的萬里無雲，看不停轉動的摩天輪，看孩子們的笑顏，沉澱心裡的急躁和緊張，直到跟上了巴黎緩慢的節奏，才往一旁的莫里斯酒店走去，準備二度探訪這位大師級人物。

　　克里斯多弗‧侯賓，揚名國際的「秀髮染護大師」，來自巴黎東南方的小鎮特瓦（Troyes），14歲便投入美髮業，他藏不住的過人天分與敏銳的美學眼光，讓他在激烈的競爭中一路過關斬將，90年代初，19歲的他便坐穩巴黎知名美髮訓練學校的藝術經理一職，更徹底顛覆「染髮」在法國美髮與時尚領域的地位，主張髮色是時尚裝扮中不可取代的一部分。

　　他成為被譽為「法國最美女人」凱薩琳丹妮芙的專屬髮型師，更是無數好萊塢明星與超模的指定造型師。他的客戶名單如夢似幻，包括蘇菲瑪索、奧黛莉朵杜、克勞蒂亞雪佛、凱特摩絲、凱莉米洛等。

　　距離上次採訪克里斯多弗已經過了1年，不知道他還記不記得我？不知道在髮廊會遇到國際巨星嗎？懷著忐忑不安的心情，踏進這個巴黎人心中最奢華、最有歷史的頂級酒店。

歐洲皇室貴族最愛飯店

莫里斯酒店建立於 1815 年，1835 年從聖多諾黑路的舊址搬遷至現今所在地里沃利路，已有近 200 年歷史，是歐洲皇室貴族最愛入住的飯店，因此有「國王的飯店」稱號，除了英國、西班牙等國的王室成員、美國總統，還有每年至少入住 1 個月的藝術家達利，以及俄國作曲家柴可夫斯基。

走進這個華麗而明亮的空間，映入眼簾的是路易十六的經典建築風格，卻巧妙融合許多新穎的摩登元素。原來莫里斯酒店曾歷經四次大規模整修，最後一次是由法國設計鬼才菲力普・史塔克（Philippe Starck）及其女兒聯手操刀，在浪漫優雅的空間氛圍

↑莫里斯酒店是路易十六的經典風格。

中，加入具透明感及現代感的當代藝術陳列，搭配上嶄新的燈光設計，讓莫里斯酒店如獲新生，在巴黎繼續寫著源遠流長的故事。

　　做為巴黎人心中無可取代的頂級飯店，莫里斯酒店住宿價格相當驚人，如果沒有非常寬裕的預算，建議大家可以來達利餐廳（Le Dali）餐廳和頭頂的巨幅超現實主義畫作一同享用午茶，向達利致敬；或到米其林三星莫里斯餐廳（Le Meurice），感受法國最有影響力人物前三名、世界名廚艾倫杜卡斯（Alain Ducasse）在他形容為「舞臺」的餐桌上，感受他尊重食材的風格，追求絕頂美味的藝術。

莫里斯酒店 Hôtel Le Meurice
228, Rue de Rivoli, 75001 Paris
+33 1 44 58 10 10
www.lemeurice.com
Ⓜ ① Louvre - Rivoli 站步行約 3 分鐘

←從外觀看只是一般飯店的房門號碼。

隱身飯店的高級髮型沙龍

克里斯多弗的髮廊採預約制，甫一踏入莫里斯酒店，和門口的接待人員說明來意，便有專人親切地帶領我走到一處電梯口。我獨自搭上金碧輝煌的電梯，來到飯店2樓（法國稱為1樓），順著明確的指示，在米白色走廊裡穿梭，很快到達了專屬於克里斯多弗的美髮空間——套房128-129。

深吸一口氣，按下門邊的電鈴，迎接我的是一名金髮碧眼、外型好似明星的年輕男生，門一敞開，玫瑰香氣撲鼻，聽得見人們交談和美髮器材發出的聲響。一個轉彎，便能看見套房全貌，風格典雅大方，細節處藏著現代巧思。不算大的空間裡，只有3個美髮座、2座沖水椅，而且全坐滿客戶，髮師和學徒則忙進忙出，散發一種簡潔、專業而親暱的溫馨氛圍。

我坐在一旁的沙發，眼光很快被前方一幅熟悉的作品吸引，那是英國知名動物攝影師提姆・弗拉克（Tim Flach）令人印象深刻

↙↓走進去就會發現別有洞天。

的狗狗肖像，可愛極了！這才回過神來發現國際級大師級的克里斯多弗竟正在幫客戶沖洗頭髮，並以眼神與唇語向我示意，要我等他 10 分鐘。髮廊裡的客人看來很多都是老客戶，和美髮師們說說笑笑，此行雖沒遇見明星，但有幾位婀娜多姿的骨感美女，很有名模架式。

↑雖然是高級髮廊，擺設卻充滿童心，一如克里斯多弗親和、溫暖的形象。

「南西！好久不見！」過了一會兒，克里斯多弗踏著輕快的步伐，從一旁的小房間鑽了出來，給我熱情的法式招呼，還是和上次一樣，一點都沒有名人的架子，熱情而充滿親和力。

為何選擇飯店套房作為髮廊？是我初認識他時的第一個疑問。

「當時我的髮廊生意如日中天，每天瘋狂的工作量，讓我覺得非常疲憊而逐漸失去對美髮的熱愛。那個時候，剛好有人想要買下店鋪，我也正想改變，於是在找到新址前，決定先來巴黎人喜歡的莫里斯酒店租個套房，至少讓我的老客戶還是找得到我。沒想到客戶們很愛這裡的隱密性，還有獨特的氣氛，我也找回自由和熱情，於是決定不再搬家。」克里斯多弗自信地說。

克里斯多弗髮型沙龍巧妙呈現了法國人對工作和美學的態度，要小而巧、要恰到好處，工作是一生的職志，就像每個人都有個最適合的髮色；而工作和生活必須取得平衡，時間分配要剛剛好，這樣人生就能像輕快、流暢的音樂，彈來得心應手、聽來美妙悅耳。

「我熱愛我的工作，把染髮當作一門藝術，並且和客人成為真心的朋友，我喜歡人群、享受專業，然後突然有一天，別人說我成功了，一切都出乎意料！我還是一樣的我，那個從小鎮來巴黎追求夢想的男孩。」克里斯多弗笑著說。

如果想一窺莫里斯酒店的傳奇，體會法國人的人生哲學，或找到一個專屬於你的髮色，感受克里斯多弗口中「髮色能表達個性、增強美貌」的震撼，何不預約一個五星級酒店頂級套房裡的美髮服務，也許你能和我一樣，認識這位親切的國際級大師克里斯多弗，和他在窗邊享受著巴黎的陽光，閒話家常。

克里斯多弗髮型沙龍 Le Salon Christophe Robin
Suite 128-129 @ Hôtel Le Meurice
+33 1 40 20 02 83
www.christophe-robin.com
Ⓜ① Louvre - Rivoli 站步行約 3 分鐘

巴黎，令人又愛又恨

對於巴黎，克里斯多弗形容它是個令人又愛又恨的城市，革命帶來平等與自由，巴黎因而充滿生命力與可能性，卻也多了不懂得尊重自由的人們。這裡充斥著自負、懶惰、高傲的人，卻也住著許多創造力驚人的藝術家，在各個領域裡發光發熱。

「我在這個矛盾的城市住了 26 年，但從不覺得自己是巴黎人，我只是努力把巴黎活成自己的家鄉罷了。」克里斯多弗聳了聳肩。

比起保守而驕傲的左岸，克里斯多弗更喜歡充滿多元性、時尚感的右岸，尤其喜愛逛巴黎的古老市場、品嚐樸實風味的法式料理，顛覆你想像中的巴黎形象。

全巴黎最古老的市集

以前住在巴黎時，我只知道住家附近有個市集，有空就會散步過來採買生鮮蔬果或外帶熟食，直到克里斯多弗提起，我才知道原來這裡竟是全巴黎最古老的室內市集！

這個 17 世紀初由路易十三下令成立的市集，一開始被稱為瑪黑區小市場（Le Petit Marche du Marais），供居民採買日常生活

↑不只可以採買，累了就在小店裡來杯咖啡吧！　　↑市集入口並不起眼，小心別錯過囉。

↑室內市集有遮雨棚，不用擔心風吹雨淋。

必需品。當時市集旁有個 16 世紀便存在的孤兒院，孩子們總是穿著教會贈與的紅色斗篷在街坊間遊戲，和在市集裡工作的人們逐漸培養了深厚情感，總是稱呼他們為「紅孩子」。18 世紀末，政府決定搬遷孤兒院，於是在當地居民一致認同下，將市集改名為紅孩子市集，用以紀念他們與這群孩子一同度過的時光。

紅孩子市集曾多次面臨改建命運，但這群居民依舊感性，始終堅強捍衛著這塊屬於他們的共同記憶，這個市集便這麼生生不息地存在了 300 多年，和全巴黎人一同呼吸、一同生活、一同看盡古今憂喜。

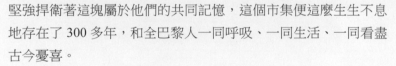

紅孩子市集的入口處並不起眼，小而斑駁的金屬拱門立牌，很容易錯過。踏著有些古樸簡陋的通道走進去，迎接人們的是一片熱鬧景象，陽光將市場映射地光輝燦爛，攤位販售著鮮花、生鮮蔬果、各式麵包起司、紅白酒、有機食品，熟食更令人眼花撩亂：義大利菜、北非料理、黎巴嫩烤餅、日本便當、美式漢堡……人擠著人，卻一片和樂融融，洋溢著懷舊的人情味，讓我想起克里斯多弗說的：「我努力把巴黎活成自己的家鄉，那樣親切可愛。」

紅孩子市集 Le Marché des Enfants Rouges
39 Rue de Bretagne, 75003 Paris
Ⓜ③ Temple 站步行約 15 分鐘；
或⑧ Filles du Calvaire 站步行約 15 分鐘

↑起司專賣，種類多到讓你不知從何選起。

一如母親的手藝，溫暖和煦

　　克里斯多弗住在瑪黑區，母親與女兒餐館則是他心中最喜歡的「巷口餐館」。氣氛舒適、食材新鮮、食物紮實，誠意十足，是克里斯多弗給這間餐館的評價。

　　每想到法國料理，很多人以為必須久燉的高湯、繁瑣的料理手續、花俏的擺盤或幾顆星星的評價，才能獲得青睞。沒想到每次巴黎人口中的夢幻美食，都是「食材新鮮」、「料理手法簡單得很難拒絕！」等令人出乎意料的答案。

　　在這些素人美食家眼裡，再繁複的料理手法，都不該直接破壞食材的新鮮，成功的料理是保留食材的鮮甜，然後一切加諸在它之上的，都只能是讓它更顯鮮甜的元素，這樣根深蒂固的觀念，讓巴黎人傾向喜歡「簡單的美食」。

↑ 新鮮、樸實的美好巴黎味。

母親與女兒餐館一如它直白的名字，立志呈現樸實、充滿愛意的美味，由兩位姊妹共同經營。餐館裡布置著多樣的藍，氣氛溫馨輕鬆，主要供應經濟實惠的套餐，包含蟹肉酪梨沙拉、牛排佐薯條、朝鮮薊明蝦燉飯、杏仁照燒雞、乾式熟成牛肉起司漢堡等他們也會隨著食材盛產季節的更迭，推出特別套餐。這裡的用餐氣氛活潑、親切，可以感受到食客的生命力，就如外面的瑪黑街頭，有著讓人頭暈目眩的奇幻魔力。

「美食之於美髮，主菜就像是造型，甜點則像染髮。」克里斯多弗接著說：「來到巴黎，每一餐都得有主菜和甜點，缺一不可！」這裡的甜點是巴黎人最迷戀的榛果巧克力醬口味提拉米蘇，絕對不容錯過。

如果你剛好與媽媽或女兒一同造訪，店家會幫你們拍張合照，然後大方掛在餐館裡的牆面上，用溫柔的心，期待你下次再訪！

母親與女兒餐館 Mères et Filles
8 Rue Saint-Paul, 75004 Paris
+33 1 48 04 75 89
Ⓜ 1 St-Paul 站步行約 15 分鐘，或 7 Sully Morland 站步行約 15 分鐘

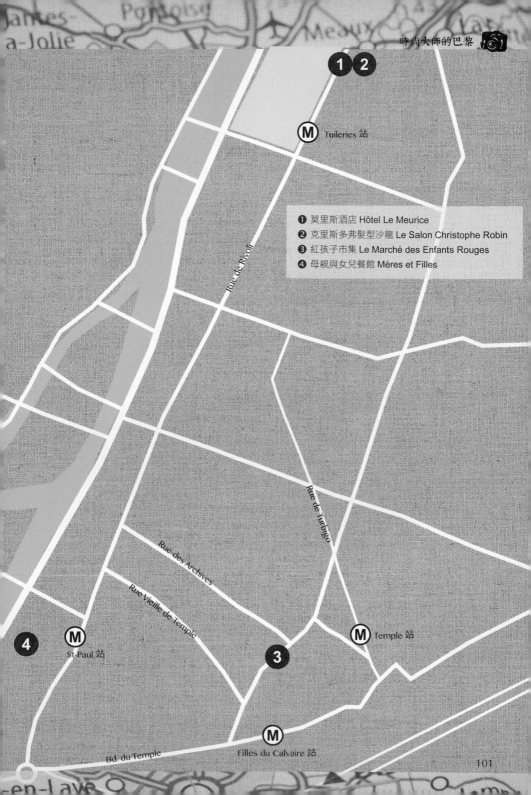

❶ 莫里斯酒店 Hôtel Le Meurice
❷ 克里斯多弗髮型沙龍 Le Salon Christophe Robin
❸ 紅孩子市集 Le Marché des Enfants Rouges
❹ 母親與女兒餐館 Mères et Filles

Tuileries 站

Rue de Rivoli

Rue de Turbigo

Rue des Archives

Rue Vieille de Temple

Temple 站

St-Paul 站

Filles du Calvaire 站

Bd. du Temple

人物／洛柔（Laurel）
背景／英國人，巴黎資歷近 30 年
職業／房地產經紀人、藝術嚮導

ROUTE 6

藝術的巴黎

——藝術嚮導口袋裡的低調博物館、歌劇院

在巴黎，每個轉彎都能看見數不盡的藝術風光！
別急著逛羅浮宮，小型博物館更能讓你體會藝術何以為藝術，
精緻的飲食、看一場歌劇，真正讓藝術深植日常。

→室內擺設盡
是俄國人對法
式風格的奇想。

　　「對妳來說，哪裡比較像家？」拿著手中溫熱的咖啡，我和洛
柔正在一棟法式公寓的 3 樓，她正在為這間房子尋找新買家。

　　「很難說。我 17 歲就隻身來到法國，什麼都沒有，只有熱情。
可是這麼一待，就是將近 30 年歲月。我很愛法國、很懂法國，
但骨子裡還是個英國人。」洛柔坐在經典巴黎式白色窗櫺前，陽
光灑落在她的金色髮絲上，一身俐落淺色丹寧，脖子上圍著條淡
色印花絲巾，金髮綁得高高的，踩著一雙巴黎女人必備的平底鞋，
身材維持得像 20 歲少女，臉上幾乎看不見皺紋，滔滔不絕地與
我分享她眼中的巴黎，還有她那探險般的奇幻人生。

　　故事要從稍早說起。巴黎剛剛進入夏天，沒有難耐的炎熱，反
而是湛藍的天、涼爽的風，很適合在大街上遊蕩。

　　我們相約在她的客戶位於左岸的房子，坐落在人聲鼎沸、洋溢
人文氣息的奧德昂（Odeon）；大街上曬得到陽光的咖啡座，全
擠滿了人。當我還低著頭找地址的時候，洛柔從 3 樓的窗口探出
頭來，大聲說：「Bonjour，南西！」好一幅夢幻的巴黎景色，定
格在窗臺上綻放的紛紅駭綠。用力拉上手動式的電梯門，古董電
梯緩緩將我載到洛柔熱情的懷抱裡。

　　「這可不是典型的巴黎室內裝潢，這是我的俄國客戶對巴黎的
奇想。她刻意留下斑駁的牆、在房裡布置充滿浪漫氣息的粉色玫
瑰，還有各地收集來的古典家具。」洛柔興奮地解釋。這個充滿
異國風情公寓，怎麼看都像外地人對巴黎的演繹，但浪漫極了！

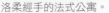

洛柔經手的法式公寓。

「妳是個浪漫的人嗎?」我問。

「我想,只有浪漫的人才能真正愛上巴黎。妳說呢?」洛柔笑得燦爛,彷彿所有小說裡的美麗情節,都是她的精采人生。作為外交官的女兒,洛柔一生都在旅行,曾居住過巴哈馬、西印度、南美洲、英國,7歲就習慣一個人搭飛機,命運就此刻上「冒險」二字,一輩子都鍥而不捨地追尋自由。18歲不到,便一個人來到法國,因為毫無來由的熟悉感,就這麼待了下來。

巴黎,總讓人覺得偌大,大在它悠久卻帶有浪漫色彩的歷史,在它蘊藏著各種文化、各樣人格的多元性,在它總藏著來自世界各地的故事和人生。也許就因為它的魅力強得像個磁鐵,所以有夢的人們趨之若鶩地來到。待個幾年,巴黎成為他們生命中不可剝奪的一部分;待了一輩子的,巴黎便化作他們的真實人生,那麼確切、那麼踏實。

「我想,我永遠離不開巴黎。」洛柔輕聲說著。

←尼辛德卡蒙多博物館的
外觀，是仿凡爾賽宮小提
亞儂宮興建而成。

　　洛柔非常擅長說故事，溫柔的語調鏗鏘
有力，說著她對法國歷史和藝術的狂熱；
14 世紀開始的文藝復興、16 世紀後期戲
劇張力十足的巴洛克、17 世紀後的矯飾
主義……在洛柔行雲流水的解說下，生硬
的歷史化作柔軟的呢喃，彷彿和她一起回
到幾個世紀前的巴黎，眼前盡是令人神怡
心醉的藝術。

　　巴黎多的是藝術，但如果你只懂得往名聞遐邇的羅浮宮、奧塞
或龐畢度跑，恐怕萬頭攢動的景象將大過藝術品給你的震撼，反
而壞了興致。洛柔認為熱愛藝術的人，應該將一些寶貴時間留給
許多小而美的中小型博物館，靜靜品味、接受藝術的衝擊。

重現路易十五時代的貴族奢華

　　尼辛德卡蒙多博物館有個特別之處，它隸屬於 1 區的裝飾藝術
博物館（Musée des Arts Décoratifs），卻獨立座落於 8 區。外觀
仿凡爾賽宮小提亞儂宮興建而成，之前為卡蒙多家族所有。卡蒙
多家族是 19 世紀猶太財富匯集巴黎的代表，從伊斯坦堡、威尼
斯，一路來到巴黎定居，更因其傾心於法國 18 世紀的藝術品收
藏，揚名於藝術領域。

　　然而，猶太家族第 3 代卻得面對慘烈嗜血的世界大戰，尼辛德
卡蒙多 25 歲就戰死一次大戰沙場，其他家人更於二次大戰期間

相繼死於德國集中營。承受喪子之痛又後繼無人的莫伊斯德卡蒙多（Moïse de Camondo），決心將此宅邸連同無數收藏品，無償贈與法國政府作為博物館使用，以紀念其子尼辛德卡蒙多。

尼辛德卡蒙多博物館擁有最珍貴的法式家具收藏，幾乎重現 17 至 19 世紀風華，更以法國家具藝術高峰的路易十五、十六時代為主，可以看到家具、家飾、繪畫、瓷器等收藏品，更看出卡蒙多家族獨到的藝術眼光。

走入尼辛德卡蒙多博物館，不像觀展，反倒像飛越時空，來到 1917 年的巴黎豪邸，甚至彷彿還聽得到廚房熱鬧地備著飯菜，蒸氣、香氣飄得滿屋，人們忙前忙後地，伺候著這個富裕的大家族；浴室、臥房裡的女人忙著梳妝，起居室則坐著一位老先生，氣定神閒地望著窗外；那些想攀權附貴的，在門口想盡法子要見主人一面，只能焦躁踱步；數不盡的藝術品倒被靜靜擺在一旁，看著風起雲湧、潮起潮落，這麼一等，便等到了下個世紀。

尼辛德卡蒙多博物館 Musée Nissim de Camondo
63 rue de Monceau, 75008 Paris
+33 1 53 89 06 40
www.lesartsdecoratifs.fr
Ⓜ② Monceau 站步行約 15 分鐘

↑走入尼辛德卡蒙多博物館，就像穿越時空來到 18 世紀。

↑看著以前的家具擺設，不難想像他們的富裕生活。

↑以前的廚房模樣保持了下來，彷彿還能看見僕人忙碌的身影。

用歐洲人的眼光看亞洲

賽努奇博物館是座亞洲藝術博物館，館藏 1 萬 2 千餘件來自中國、日本、韓國的藝術品。這裡也曾是個私人宅邸，主人是 19 世紀法籍義大利金融家亨利賽努奇。

擁有豐厚財富的他熱愛旅遊，更熱衷藝術品收藏，於是在漫漫旅程中，蒐羅了大量珍貴的亞洲藝術品。賽努奇過世前，將畢生收藏捐給巴黎市政廳，數年後，市政府將這些藝術品移回亨利賽努奇的故居，成立了賽努奇博物館，以紀念他的慷慨與奉獻。

到巴黎看亞洲博物館，也許有些人覺得彆扭，但洛柔為我推開了這扇大門，我僅是聽著導覽、順著動線參觀，感想卻既深刻又震撼。賽努奇博物館呈現給觀展人的，不僅是遙遠的歷史，更是文化相互震盪的餘韻。看看巴黎人怎麼演繹亞洲來的藝術品，聽聽歐洲人如何看待亞洲文化，在這裡，你絕對能感受到歐洲人對亞洲的神祕氛圍多麼好奇，而且法國人尤其欣賞日本文化，更對日式庭園有種強烈的迷戀。賽努奇博物館帶給你的不只是藝術，更是全然不同的文化思考角度與想像空間。

賽努奇博物館 Musée Cernuschi
7 Avenue Velasquez, 75008 Paris
+33 1 53 96 21 50
www.cernuschi.paris.fr
Ⓜ② Monceau 站步行約 10 分鐘

歐式建築中，卻收藏著亞洲的千年文物。

↑來到歐洲看亞洲文物，感覺十分不同。

英法解不開的愛恨情仇

英法兩國關係，一直是歷史上愛恨交織的精采戲碼，隔著英吉利海峽對望的兩個泱泱大國，曾動干戈開戰、也曾共組聯盟，近年來則有惺惺相惜意味。但不論檯面上政治關係如何，兩國人民與文化之間的恩怨情仇，始終暗潮洶湧。作為一個住在法國長達30年的英國人，洛柔成了個敏銳的文化觀察家。

「很多人說英、法是永遠的敵人。」洛柔笑了笑，接著說：「但我覺得他們比較像兄妹，或像一對戀人。對彼此又愛又恨，卻永遠分不開。應該說，個性截然不同的盎格魯撒克遜人和拉丁人怎麼可能處得來呢？他們暗地裡欣賞對方的優點、鄙視對方的缺點，然後因為驕傲的尊嚴，時常相互揶揄、嘲弄，我想應該可以這樣解釋吧。」洛柔有些無奈地說。

在洛柔的眼裡，倫敦很新穎、有些古怪、走得非常快，所以國際化程度極高，尤其是當代藝術發展讓人驚豔；巴黎則固守法國人天生的細膩敏感，走得緩慢，有時顯得有些不知變通，但對藝術與美感的得天獨厚、對美食的挑剔與熱愛，則成就這個城市不可取代的文化位置。

↑小酒館氣氛比餐廳輕鬆許多。

不屑米其林星等的小酒館美食學

　　法國人重視的東西族繁不及備載，除了自由平等，大多與美感、口腹之欲脫不了關係。簡單來說，巴黎人重吃，而且要吃得優雅、吃得有品味，還要吃得慣、吃得自在。如果他們喜歡上了某家餐館，就一定得和主廚、老闆寒暄幾句，先培養深厚交情，最好還有個習慣的位置，那美食就能是囊中寶物，餐館更像家中廚房。

　　但重吃的法國人認為，「Restaurant（餐廳）」這個字可不能胡說亂取，若館子裝潢不夠講究、沒有衣著要求、不供應上檔次的食材或菜餚，就不能叫作 Restaurant，只能叫 Bistro 或 Bistrot（小酒館），而 Brasserie 則介於餐廳和小酒館之間，是規模比小酒館大一些的餐館。

　　小酒館裡通常氣氛輕鬆，餐點擺盤粗枝大葉，但份量絕對飽足。若懂得往當地人多的小酒館裡鑽，也許就讓你遇上那所謂落入凡間的美食，從此掉進巴黎人的美食圈套裡，永遠逃不出它的手掌心。

　　小酒館餐廳就是這樣一個的地方，不來則已，一來就難以脫

←頂級主廚買下酒店經營，並開起了小酒館，實踐美食的理念。

身，三番兩次都想回來，竟成了巴黎的第二個家。洛柔推薦這間小酒館時，我著實鬆了口氣，因為如果我的第一本書寫不到這樣一個好地方，怎麼向我的回憶、我的巴黎，還有可愛的讀者們交代！

今天巴黎下了場及時雨，把午後的燥熱一掃而空。為了避開排隊的人潮，覓得視野好一些的露天位置我們故意拖到午餐後才碰面。也許是巴黎太想念我了，天從人願，遠遠就看見路旁的座位，點了半支紅酒，慢慢欣賞菜單，在喧鬧的人們少一些後，才開始悠哉點餐。

一般人認為的法餐都是以米其林為指標，但米其林評選很重視餐點價格與氣氛，難免過於華麗，一般人難以消費得起。有一群明星主廚希望顛覆這樣的文化，拋棄對米其林星等的追求，反而在價格平實的小酒館裡呈現頂級佳餚，讓更多人能輕鬆品嚐，因而自成一格，被稱為「小酒館美食學（Bistronomy）」，而這間小酒館的主廚，正是被法國媒體譽為「小酒館美食學第一主廚」的康得伯德（Yves Camdeborde）。他將樸實的小酒館菜色巧手幻化成誘人的頂級美食，成為巴黎料理界的指標性人物。

14 區的雷卡拉特小酒館（La Régalade）是康得伯德的第一個作品，甫開張即被評價為巴黎最美味的小酒館，在生意如日中天之際瀟灑地轉賣。接著他來到典雅奢華的塞納河左岸，買下 17 世紀特色的聖傑曼里萊斯酒店（Hotel Relais Saint-Germain），經營步上軌道後，便直接在酒店內大膽奏起小酒館餐廳的序曲，旋即成功延續了「小酒館文化美食學」的篇章，更立刻奪回最美味小酒館第一名的頭銜。

遠看是咖啡色雨棚大大掛著顯眼的「Le Comptoir」，紅色邊框落地窗前擺著一張張小而潔白的桌子，往內望則是一大片寫意的鵝黃色。如果是夜晚造訪，搭配聖傑曼里萊斯酒店溫柔的燈光，巴黎美得詩情畫意。

滿桌佳餚像歡欣鼓舞地慶祝著巴黎的富裕，還有他們對美食的豪興。最後，別忘了學學法國人，拿裸麥麵包將盤底的醬汁擦乾抹淨，象徵對主廚如詩般手藝的讚嘆！一口美酒、一口美食，人生的細緻美好，在巴黎的口與腹，得到完美洗禮！

小酒館餐廳 Le Comptoir du Relais
9 Carrefour de l'Odéon, 75006 Paris
+33 1 44 27 07 50
www.hotel-paris-relais-saint-germain.com
Ⓜ❹、❿ Odeon 站步行約 5 分鐘

←雨棚上寫著大大的「Le Comptoir」，非常顯眼。

↑出乎意料柔嫩的芝麻烤雞肉沙拉，芝麻香、雞肉入味，吃得出料理真工夫。

↑常見的尼斯沙拉，做得濃郁而大器，蘊含多樣蔬果的鮮脆爽口、層次驚人。

↑新鮮美味的香料奶油焗烤白酒田螺，肥美不膩，金黃清澈的奶油最適合搭配佐餐麵包。

↑一嘗難忘的去骨豬腳佐馬鈴薯泥，入口即化若雲捲、繾繾綣綣，強烈香氣在口中迴盪。

←一口美酒，一口美食，人生的美好不過如此！

A ROUTE 6

→ 歌劇院不只上演歌劇、芭蕾舞、舞臺劇、演奏會……選個自己喜歡的吧！

↓ 到巴黎，一定得到歌劇院看場表演！

到歌劇院看場戲吧！

在巴黎的歌劇院裡看場表演，聽來有些遙不可及，其實簡單得不得了。真正到位的旅行就該是「居遊」，徹底做個當地人，所以買張票看戲吧！像個巴黎人那樣。

比起華麗熱鬧、觀光氣息濃厚的紅磨坊、麗都等大型歌舞秀，在宏偉的歌劇院裡上演的表演，不僅藝術性較高，選擇也多元。舉凡歌劇、芭蕾、交響樂團演奏會、戲劇、舞蹈、音樂、學生表演……不僅能看見更廣義而深刻的表演藝術，更貼近真實的巴黎生活。

看戲的方法，也要很巴黎！學學巴黎人從容地提前抵達，優雅地在大廳喝完一杯香檳，看看人群熙熙攘攘、孩子的純真、戀人的親暱、家人的溫馨，把劇院門口擠得暖烘烘的，才準備入場，好好地品味一次淋漓盡致的感官盛宴。

洛柔和我選了個早秋傍晚，換上黑色小洋裝，趁著巴黎芭蕾舞季，在巴士底歌劇院看了場現代芭蕾舞表演《Signes》。每一個舞碼配合著燈光、音樂、舞臺布置和服裝，粉的像霞、紅的像火，美得如同一幅幅自由潑灑的畫作！

↑加尼葉歌劇院

↑巴士底歌劇院

加尼葉歌劇院 Palais Garnier
8 Rue Scribe, 75009 Paris
+33 1 71 25 24 23
Ⓜ3、7、8 Opéra 站出口直達

巴士底歌劇院 Opéra Bastille
Place de la Bastille, 75012 Paris
+33 1 40 01 19 70
Ⓜ1、6、8 Bastille 站步行約 3 分鐘

線上訂票：www.operadeparis.fr
※ 以上兩間歌劇院均可在此訂票。

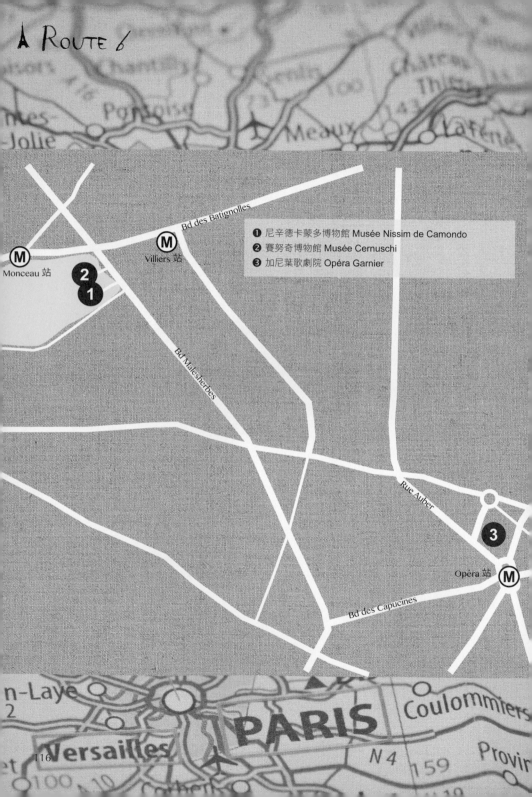

A ROUTE 6

❶ 尼辛德卡蒙多博物館 Musée Nissim de Camondo
❷ 賽努奇博物館 Musée Cernuschi
❸ 加尼葉歌劇院 Opéra Garnier

M Monceau 站

M Villiers 站

Bd des Batignolles

Bd Malesherbes

Rue Auber

❸

Opéra 站 M

Bd des Capucines

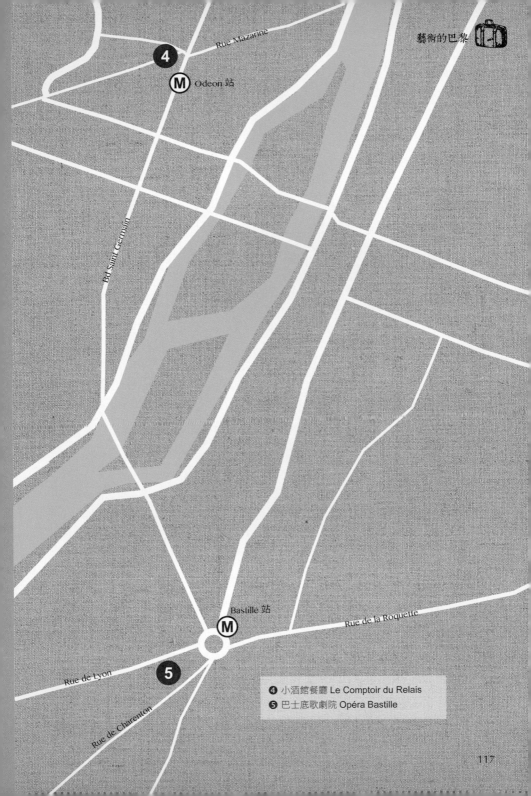

Rue Mazarine

4

Ⓜ Odeon 站

Bd Saint Germain

Bastille 站

Ⓜ

5

Rue de la Roquette

Rue de Lyon

Rue de Charenton

4 小酒館餐廳 Le Comptoir du Relais
5 巴士底歌劇院 Opéra Bastille

人物／法蘭索瓦‧勒亞許（Francois Léage）
背景／巴黎人，巴黎資歷一輩子
職業／知名古董家具暨藝術品收藏家

ROUTE 7

奢華的巴黎

——古董收藏家的 18 世紀家具與米其林

18 世紀古董家具深邃的記憶刻痕與故事，
還有一年一度的夏日右岸夜曲，
在華麗與質樸之間，看見藝術的極致與美味的平衡點。

英國文壇上最著名的女詩人白朗寧夫人曾說：「在巴黎，貿易是種藝術，藝術則像哲學。」

巴黎，這個受人景仰、愛戴的藝術文化之都，藏匿許多藝術界頂尖人士。究竟是什麼樣的人，才能站在藝術領域核心，主導這個以眼光、才情、感性為基礎的產業？我想，他不僅要認識歷史，懂得評鑑、欣賞，還得讓這個產業不斷蓬勃發展。

透過洛柔介紹，終於有機會一解心中長久以來的好奇，有幸認識這位法國藝文界的重量級人士，馳譽巴黎藝術圈的藝術鑑賞家法蘭索瓦‧勒亞許先生。

見面那天風和日暖，我決定捨棄地鐵，從瑪德蓮大教堂（La Madeleine）一路向北漫步到法蘭索瓦先生的藝廊，沒想到一路上坡，又走了快30分鐘，好在眼前一幕幕盡是巴黎亮麗的風景，途經一間間時尚品牌旗艦店、米其林餐廳、藝廊畫廊……無心插柳地豐富了心靈的視野。

街角一間水藍色外觀的店面吸引了我的目光，白色雨棚上大大地寫著 F. Léage，典雅、大方，吐露著巴黎人崇尚的低調風格。門內的祕書看見我在對街探頭探腦地張望，敞開大門歡迎我到來，我便一腳踏入這個被譽為巴黎藝術核心之一的神祕聖殿。

←水藍色外觀的店面明亮開朗，裡面藏著許多歷史故事。

↑路易十四開始，家具風格極盡精細、奢華。

→金碧輝煌的設計，是法國宮廷的形象。

收藏家精心挑選的古董家具

生在專門收藏 18 世紀古董家具的家族，第四代的法蘭索瓦繼承了對古董家具的熱愛和鑑賞才能，在 1971 年成立了古董家私商行，專門展售路易十四至十六時期，源自法國和俄羅斯的古董家具與藝術品。法蘭索瓦更致力於推廣古董家具與藝術普及化，不但將收藏捐贈給世界各大博物館展示，更參與、舉辦多項藝術展覽，對巴黎藝術領域貢獻良多。

法蘭索瓦從氣派的環形階梯走到 1 樓，雖然一身黑色西裝，卻因為親切的笑容，緩慢而溫柔的說話語調，給人很好親近的感覺。簡單寒暄後，法蘭索瓦領著我慢慢走到 2 樓，映入眼簾的竟是寬闊的展示空間！他們巧妙地將之分隔為近 20 個獨立展示空間，每個房間依循著年代、風格陳列家俬與藝術品。法蘭索瓦一邊詳細解說每件家具的歷史，一邊領著我參觀相互接連的展示間，彷彿坐著時光機回到 18 世紀，醉心於工匠的巧手匠心與驚人而純熟的藝術工藝。

一當時的法國也與中國有所交流，亞洲風情永遠是歐洲人的心頭好。

　　路易十四時期，法國國力鼎盛，為因應許多新的建築需求，自然培育了大量傑出的家具製作師，家具製作從此成為高級藝術的一環，追求極盡精細的工藝技術。喜愛使用高貴的進口木材，將大量金屬、木皮、寶石、象牙與各式昂貴石材鑲嵌至家具上。

　　此後，家具的風格更一路變化，從路易十四強烈的奢華、對稱、宏偉，演進至路易十五的輝煌時期，由於技術更臻完美，呈現出細緻、輕快的洛可可風格，跳脫傳統，帶著女性的渾圓線條、優雅與自由感，被認為是自文藝復興以來最經典的宮廷家具。路易十六時期進入後古典主義，人們厭倦了過度裝飾，反而希望回歸古希臘建築的中規中矩，以俐落的直線大量取代曲線，家具也更重功能性。走在這裡，得以近距離觀察古董家具的迷人之處，比參觀博物館更教人震撼。

　　法國古董家具被認為是西洋古董家具的代表，它不僅反映當時的建築風格、極致工藝技術的展現，更相當程度地展示了法國皇室貴族在該時代的生活方式。

　　「收藏古董家具就像在收藏一個世代，所有歷史的記憶都藏在眼前的藝術品裡，如果你願意用心體會，它們也將回饋你無從想像的熱烈與感動！」法蘭索瓦先生這麼說，手輕輕放在一只來自路易十四時期，做工精細的木製塗金扶手椅上頭。

夏日的右岸夜曲

巴黎古董商及藝廊非常善於組織地區資源，成立協會、發揮群聚效應，並於每年度推出不同活動吸引藝文界人士蒞臨鑑賞，創造了藝術品展售的另一平臺，熱熱鬧鬧地讓供需雙方達到雙贏。巴黎著名的藝術協會包括左岸的左岸方區（Carré Rive Gauche）、聖哲曼德佩藝術節（Art Saint-Germain des Près），以及右岸的「右岸夜曲」。

法蘭索瓦在這類藝術推廣活動中從未缺席，更是右岸夜曲主要策畫人，連續舉辦了 15 年的藝術饗宴之夜，已成為巴黎藝術產業的年度盛事之一。此活動有巴黎右岸超過 70 家藝廊、古董商、書店參與，在活動當晚敞開大門，舉辦各式展覽，邀請世界各地的藝術鑑賞家、收藏家、經銷商、藝術參觀者等齊聚一堂。拿著香檳在巴黎 8 區的街頭漫步，一口氣探訪數十家藝廊的藝術品收藏，是藝術愛好者絕不能錯過的華麗盛宴。

法蘭索瓦・勒亞許古董家俬
Francois Léage Antique
178 Rue du Faubourg Saint-Honoré, 75008 Paris
+33 1 45 63 43 46
www.francoisleage.com
Ⓜ9 Saint-Philippe-du-Roule
站步行約 10 分鐘
※ 參觀建議提前預約。

右岸夜曲 Nocturne Rive Droite
www.art-rivedroite.com
※ 每年 6 月的第 1 個星期 3 舉辦，建議先致電古董傢俬預約。

↑餐廳裝潢簡單卻看得出質感，非常優雅。

偷走你心的米其林二星

「話說，美食更是巴黎不容小覷的藝術！」法蘭索瓦驕傲地說著。接下來，我們來到法蘭索瓦推薦的餐廳，品味華麗澎湃的美食饗宴。

住在巴黎時，沒有太多造訪米其林星級餐廳的機會，幸好我的室友是巴黎藍帶廚藝學院的學生，時常帶著她當天的作業回家與我分享，前菜、主菜、甜點一樣不缺，經常大飽口福。但仔細算了算，加上朋友請客、特殊節慶等，還是在巴黎吃了快 20 顆星的法式料理。對於這些星級餐廳，感想是餐廳裝潢若非富麗堂皇、一定極富特色，用餐的客人皆精心打扮，餐廳桌次有限、空間寬敞，服務生穿戴整齊、服務周到、但總帶有一點高傲之氣。餐點一定視覺滿分、餐點呈現的方式經常像場華麗的歌舞秀，但說到口味，總覺得耗時費工的法式料理，剛入口驚奇，但吃多了肯定膩，而且反覆雕琢、極盡精緻的料理，常讓腸胃感受到很大負擔。

這次在法蘭索瓦大力推薦下，決心再給米其林星級法式餐館一個機會，走進 8 區的米其林二星、Zagat 評價巴黎第 1 的餐廳「太伊風」。

「太伊風是全巴黎最好、最經典、最值得一試的法國料理。」法蘭索瓦信誓旦旦地保證。

太伊風的命名由來是為了將這份榮耀獻給中世紀末第一位撰

寫法國食譜的料理大師堤黑耶（Guillame Tirel），他的小名是太伊風。它也不負所望成為極具代表性的頂級法式餐廳，供應經典、精緻的傳統法餐。1946 年由菲拿主廚（André Vrinat）成立，1948 年摘下第 1 顆星、1954 年摘第 2 顆，1973 年在德寧主廚（Claude Deligne）領軍下，正式成為米其林三星餐廳。

慕名來太伊風用餐的人非富即貴，各國貴族與明星皆趨之若鶩，一位難求。創辦人之子尚克勞德（Jean-Claude Vrinat）為了讓更多人能品嚐美食，將座位增加至 110 位，卻因此惹惱米其林指南，認為容納太多人的餐廳，會破壞餐點穩定度，因而在 2007 年將它降至米其林二星等。女兒瓦萊莉（Valérie Vrinat）在 2008 年接班後，不僅將太伊風多角化經營，更致力摘回米其林的第三顆星。

餐廳門口低調簡單，一位穿著整齊的守衛歡迎我們到來。一走進餐廳，穿著套裝的女侍者立刻前來親切招呼，俐落地接過外套，領我們走進燈光幽暗、裝潢高雅的空間，赫然發現餐廳裡早已經坐得滿滿是人。

這裡的服務非常流暢，剛剛接待的女侍者帶我們到座位後，負責此區域的經理立刻接手招呼，遞上酒單，並詢問我們要什麼餐前酒。我分別點了香檳與白酒作為基底的經典餐前酒，接著侍者才遞上菜單，讓我們慢慢研究。

↑ 太伊風餐廳不張揚的外觀。

↑吃正統法餐，就請專業侍酒師
為你選一支最適合的酒吧！

　　侍者非常有耐心地解釋各個菜式的做法
與用料，所有選擇都是以當今食材入菜，
做法也非常講究，餐點選擇端看我們的口
味與今晚的心情。我們點了一套經典試菜
套餐（Tasting Menu），通常高級法國餐廳
都會有這種套餐，內容為主廚的經典菜色，菜色多樣但份量較小，
可一次品嚐主廚的精湛手藝。除此之外，我們又另外點了一套前
菜、主菜、甜點，接著，就等待佳餚上桌。

　　喝完美味的餐前酒後，侍酒師便送上厚厚一本酒單，我一向很
愛研究酒單，但既然有這麼專業的侍酒師在場，一定得請他推薦
才行。在我們的預算內、又能搭配餐點，他推薦了一支勃根地白
酒，並以帥氣的方式開酒、試酒，更在確認我們都滿意後才離開。
專業就是在細節與熟練度上讓人折服，應該就是這個意思吧！

　　首先熱騰騰上桌的是起司泡芙，淡淡的起司香與鹹味，調整味
蕾，與清淡爽口的白酒搭配得唯妙唯肖。接著，是讓我魂牽夢縈
的迷你輕炸蔬菜春捲。春捲皮薄而細緻，炸的酥脆，內餡爽口開
胃，我幾乎兩、三口就吃光光，忍不住發出讚嘆，這麼簡單的東
西怎麼能如此美味！

　　接下來的精燉龍蝦冷湯佐魚子醬入口濃郁卻不覺膩，一口口喝

進龍蝦的鮮甜，卻沒有一絲海味的腥。配上烤得酥脆的佐餐麵包，讓人意猶未盡，非得喝到一點都不剩才行。

單點的當季蔬菜蘑菇清湯則好喝得不得了！湯清澈見底卻嚐得出多樣蔬菜久煮的清甜，蔬菜卻都仍保有口感，在青豆、馬鈴薯、甜菜根、野菇間來回替換，層次極為豐富，像在口裡表演的奏鳴曲，輕快流暢，好捨不得吃完。

經過一連串的前奏，終於進入主菜。香煎野生鱸魚佐韭蔥，韭蔥的香氣與海鱸魚的清淡相得益彰，底層的奶油醬搭配一旁的清燉蔬菜，一樣濃而不膩。

↑主菜香煎野生鱸魚佐韭蔥。

↑嫩煎鴨胸佐櫻桃是我這輩子吃過最好吃的鴨肉料理！

↑當季蔬菜蘑菇清湯清澈見底，卻嚐得出蔬菜久煮的清甜，仍不失口感。

↑精燉龍蝦冷湯佐魚子醬入口濃郁不膩，龍蝦鮮甜不腥。

127

單點的嫩煎鴨胸佐櫻桃，是今日最大亮點！我從未吃過肉質如此細嫩、入口即化的鴨肉料理，配上略酸的櫻桃，帶著香草的甜，細緻、爽口、大大滿足！外皮煎得酥脆，鴨肉還呈現漂亮的粉紅色，彷彿送入口中就直接融化作滿滿香氣，是我這輩子吃過最好吃的鴨肉料理！

最後，是讓人目不轉睛的起司盤。法餐中的起司盤通常在甜點前上，讓你調整味蕾，是享用甜點前的一個小休息。侍者推來滿滿一車起司，我愛特定的牛乳酪，卻對奶味特重或羊騷味強勁的乳酪敬謝不敏，於是請他推薦「入門款」。「多可惜呀！」突然想起法國好友在大口享用藍紋乳酪時對我說的話。

最後，來到女孩最愛的甜點時間。清爽的覆盆子薄荷冰沙與巧克力舒芙蕾，全是經典法式口味，做為法餐的休止符再適合不過。舒芙蕾的分量頗大，看起來柔軟可愛，質地蓬鬆，入口則幻化成濃厚的巧克力香氣。

↑ 起司盤種類多樣，是品嚐甜點前的短暫休息。

←↑清爽的覆盆子薄荷冰沙與巧克力舒芙蕾，全是經典法式口味。

　　一連串令人感動的美味過後，太伊風在我心裡已經悄悄站上了法式料理第一位的寶座！因為它的每一道菜都呈現一種氣定神閒的優雅，而且有著偷心的本事，讓人一試難忘。

　　法餐也許聽來矯揉造作，在亞洲更是被某些商人經營得故作姿態，但若真的在太伊風這類好餐廳品嚐過他們的用心，也許你會像我一樣，體會到這門藝術，是讓視覺、味覺都能盡情享受的頂級藝術。對這樣充滿理想的經營者和大廚來說，每一道菜都是一場表演、一次戰役，以最好的食材演繹當地文化，然後像暖流一樣長驅直入進到品嚐者的內心，為他們重新定義美食的重量。

太伊風餐廳 Restaurant Le Taillevent
15 rue Lamennais, 75008 Paris
+33 1 44 95 15 01
www.taillevent.com
Ⓜ 1 George V 站步行約 15 分鐘
※ 可供線上預約。 若時間允許，中午時段更划算！

Restaurant Le
Taillevent

↑裝潢空間明亮、氣氛也輕鬆許多。

← Les 110 是太伊風旗下的小酒館。

小酒館同樣擁有米其林品質

太伊風實在太過美味，過幾天便捺不住想望預約了它旗下價格更親民的法式小館 Les 110。這是法蘭索瓦口中「價廉味美」的餐館，由於離他的藝廊很近，時常來這兒用餐。

Les 110 的用餐氛圍輕鬆許多，空間用色明亮、裝飾別具巧思，隱約透露著年輕活潑的氣息。菜單更是一目了然的簡潔，正中央一欄清楚將前菜、主菜、甜點分門別類標示，左右兩頁則是各個菜式的四種推薦酒款，只要選定菜式後，向左、向右望，與之平行的都是適合搭配的單杯酒，方便極了！

由於太伊風的美味仍然魂牽夢縈，我們故意選擇與太伊風相似的菜色，讓這兩家本是同根生的餐館一較高下。

若真要比較兩者的差異，太伊風不僅將菜餚演繹得更加細緻，服務精緻度也精采勝出；但 Les 110 輕鬆的氣氛、親切的價格，還有相對令人滿意的美味，則讓人在毫無壓力的情況下享用美

←嫩煎烏賊佐紅椒沙拉

╱龍蝦佐小洋蔥蔬菜

↑鱈魚佐海菜與花椰菜

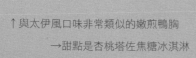

↑與太伊風口味非常類似的嫩煎鴨胸

→甜點是杏桃塔佐焦糖冰淇淋

食。這樣比喻好了，95 分的太伊風一人一餐要價 220 歐元，但 80 分的 Les 110 只需 60 歐元，你會如何選擇呢？

如果預算有限，我想我會每兩個月去一趟 Les 110，一年去兩趟太伊風好好地犒賞自己。但如果我日進斗金、預算無限，太伊風很可能成為我家廚房（笑）。

Les 110 法式小館 Brasserie Les 110 de Taillevent
195 rue du Faubourg Saint-Honoré, 75008 Paris
+33 1 40 74 20 20
www.taillevent.com
Ⓜ 9 Saint-Philippe-du-Roule 站步行約 15 分鐘

無菜單的「香氣」料理

同樣位於 8 區的米其林一星香氣餐廳，是一家新穎且很有個性的無菜單餐廳，提供四道菜或六道菜的選擇。室內裝飾溫馨典雅，空間小而美，大約只能容納 20 人，採用開放式廚房，讓所有客人都看得見菜餚料理的華麗過程，並堅持選用小型農場直送的當令蔬菜，志在保留食材美味，並在每道佳餚當中，注入豐富的色彩與多樣的味覺層次。

法蘭索瓦形容：「香氣是一家嚴謹卻充滿創意的米其林星級餐廳，餐與酒的搭配堪稱完美！」

香氣餐廳 Restaurant L'Arôme
3 Rue Saint-Philippe du Roule, 75008 Paris
+33 1 42 25 55 98
www.larome.fr
Ⓜ 9 Saint-Philippe-du-Roule 站步行約 10 分鐘
※ 座位數不多，務必提前預約。

←達洛優歷史悠久，
而且甜點選擇超多！

路易十四也愛的法式甜點

　　達洛優這個巴黎老字號甜
點名店創立於 1802 年，但達
洛優家族與甜點的淵源則必
須追溯至 1682 年，當路易
十四嚐到他們精湛的手藝，
達洛優從此與甜點及烹飪結下 300 年不解之緣，他們傳承
了最傳統法式甜點的做法，一步步將貴族美食普及化，更被巴黎
人認定為地位不可撼動的頂級甜點首選！

　　達洛優茶沙龍的馬卡龍、巧克力都曾被評為巴黎第一，法蘭索
瓦則大力推薦歐培拉蛋糕（l'Opéra），這是巴黎人很愛的法式蛋
糕，一般多為方形，由浸在黑咖啡裡的杏仁蛋糕、咖啡奶油霜、
甘納許（ganache，常作為蛋糕內餡，將巧克力與鮮奶油一起以小
火煮至溶化），一層層交互堆疊而成，是口味相當成熟的甜點。

　　歐培拉蛋糕還有個特殊的歷史涵義，據說這是達洛優的甜點師

傅加維永（Cyriaque Gavillon）在 1955 年發明的，他的太太為了
向某位芭蕾名伶致敬，將之取名為 Opéra（歌劇院），雖然後來
有許多人質疑故事的真實性，仍為達洛優增添幾分迷人的歷史色
彩。

　　來到巴黎，在達洛優茶沙龍待上 2 個小時，點份歐培拉蛋糕、
幾顆鮮豔的馬卡龍，配上一大壺伯爵茶或一杯濃縮咖啡，把巴黎
的甜美與苦澀全嚐過一遍，然後好好地回憶這趟旅程，看看自己
是否已愛上了巴黎的奢華人生。

達洛優茶沙龍 Salon de Thé Dalloyau
101 Rue du Faubourg Saint-Honoré, 75008 Paris
+33 1 42 99 90 00
www.dalloyau.fr
Ⓜ⑨ Saint-Philippe-du-Roule 站步行約 5 分鐘

後記

　　此書出版之際，意外得知令人心碎的消息，法蘭索
瓦先生已於 2013 年 11 月因病辭世。但他的親切、熱情、
才華，對藝術領域的執著與奉獻，將永遠留在人們心
中，巴黎也將永遠緬懷他。謹以此篇文章紀念法蘭索
瓦先生與我短暫卻深刻的友誼。

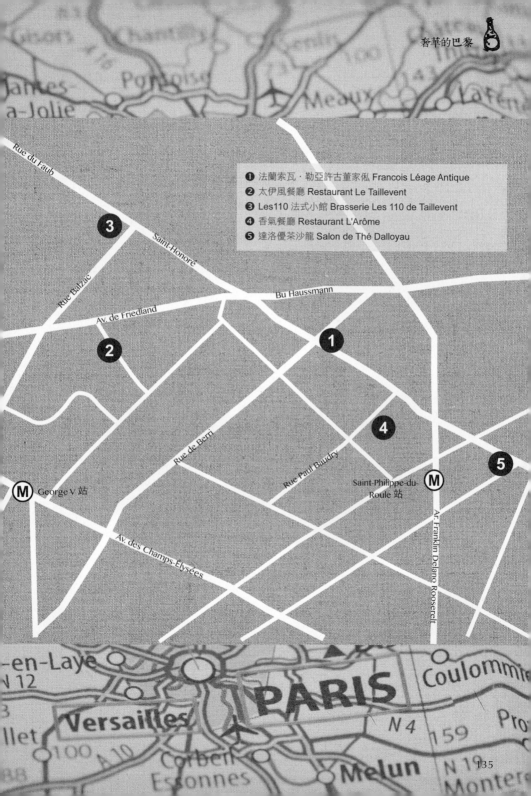

❶ 法蘭索瓦‧勒亞許古董家俬 Francois Léage Antique
❷ 太伊風餐廳 Restaurant Le Taillevent
❸ Les110 法式小館 Brasserie Les 110 de Taillevent
❹ 香氣餐廳 Restaurant L'Arôme
❺ 達洛優茶沙龍 Salon de Thé Dalloyau

人物／茼（Qing Tong）
背景／來自上海，巴黎資歷 6 年
職業／服裝史及視覺創意講師、室內裝飾師

ROUTE 8

浪漫的巴黎

——亞洲女孩的美景、美食、藝術時尚

巴黎處處不著痕跡的浪漫，
最適合旅人優雅地享受一個人的時光
在這個最容易墜入愛河的城市，
每個角落都藏著不經意的夢幻。

巴黎慢熱，好友也一樣

沒有造訪過巴黎的人，十之八九會認為巴黎是個絕頂浪漫之處、瓊樓玉宇、滿城情侶、賞心悅目的男男女女。但若你真到過巴黎，驚鴻一瞥那些傳說中的美景，竟發現這個城市並非想像中華美，反而真實得有些醜陋，可能會語帶諷刺地問我：「巴黎究竟哪裡好？」

我也曾恨透了巴黎。大學期間，仗著學了好一段時間法文，決定和一起學習的好友一起到巴黎住一個暑假。豈知剛開始幾天，簡直像身處地獄──人在他鄉、語言不通、冷漠城市、人們漠然，樓宇再堂皇、文化再魁偉，2個亞洲來的女孩，只覺得格格不入。走在路上想圖個清靜，又有無聊男子不斷騷擾，一整天的勞頓後，我們只想趕緊躲回家，卻在超市結帳時足足等上了40分鐘，令人難以置信。

晚上7點餓了想吃晚餐，不好意思，餐館還沒供應晚餐；到了餐廳，得按耐住性子，因為服務生不一定會理你，如果理你了，口氣活脫脫像個債主，美食沒吃飽，倒吃了一肚子氣！當時我以為我再也不會回到這個黑暗城市，一心只想回到朗朗臺灣，擁抱熟悉、擁抱整個城市的親切。

常聽人說「時間療傷」，沒想到時間也能療癒文化衝擊。

直到身體心靈終於適應了巴黎的溫度和速度，才發現文化隔閡已然悄悄融成果糖，一口一口吃進的都是理解與甜蜜。原來女孩在巴黎，必須板起臉孔才能輕鬆度日，無聊人士就此在大街上消失殆盡；超市工作人員開始喜歡和我們談天說地，一臉嚴肅的保全也習慣笑吟吟地幫忙把沉甸甸的貨品抬下貨架。「等待」原來是街坊鄰居難能可貴的社交時間，哪家餐館好吃、哪件事不順心，

40 分鐘瞬間時光飛逝。

　　晚上不該急著點餐，先來杯餐前酒，優雅、開胃、又能沉澱心靈；理解餐廳侍者也有他的情緒與人生，當他忙不過來時，不要揮手，只以溫柔的眼神示意，他便懂了你的體貼，服務也會溫暖一些。即將離開巴黎之際，才驚覺已經無可自拔地愛上這個城市，它在心裡停駐得深刻，像個新晴的午後，清新、舒適。

　　原來，巴黎是個慢熱的城市，你必須不急不徐地體會細節裡的人情與藝術；然後當你發現了你懂了，巴黎便成為生命中永難忘懷的最愛。

　　然而，我一直等到再次到巴黎攻讀碩士學位，才知道人在巴黎，連交朋友也適用慢熱哲學！秋去春來，在花都的學生生涯進入第 2 個學期，卻有個同學一直沒能說上話。她是上海人，皮膚白皙、朱唇皓齒，長得娟秀好看，頂著時尚鮑伯頭，很像法國知名香頌歌手蜜海兒瑪蒂（Mireille Mathieu），法國同學都親密地叫她「Mimi」；她的穿著打扮走在時尚尖端、非常有個性，總是臭著一張臉，像極了在時尚街拍裡會出現的人物。這一位謎樣般的人士，後來成為我在巴黎最要好的朋友。

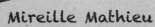

Mireille Mathieu

現在回想起來，真忘了是什麼打破了崗與我的隔閡，只記得一拍即合的踏實和雀躍！總喜歡窩在一塊兒，迷戀她的率真、對朋友推心置腹，還有她精準前衛的時尚眼光與居家品味。崗在巴黎待了整整6年，在最時尚的瑪黑區一棟古蹟的頂樓，有間充滿巴黎風情的公寓，沒有電梯，每次都得凝神踏盡螺旋型階梯，才能回到費心裝飾的溫暖空間。

「鍛鍊的是毅力。」她笑著說。

離家多年，崗隻身到巴黎學服裝設計，經歷人情冷暖，在異鄉活出只屬於她的自我風格。她的個性有些急躁，卻很能適應巴黎的溫吞；迷戀藝術時尚，對流行事務、展覽表演瞭若指掌，熱愛美食，便嚐遍巴黎各個角落，有時一個人、有時幾個好友，鍛鍊出對美食極度敏銳的感知；崗不屑於無意義的社交活動，所以有些時候，習慣把自己藏在瑪黑區公寓，與世隔絕，但若朋友有需要，只要一通電話，她很願意為好友赴湯蹈火。

某個思鄉的週六早晨，我的一通電話吵醒睡夢中的崗，她說思鄉不能往亞洲餐廳擠，那太煽情、太老套，思鄉就該盡情體驗巴黎，把眼耳鼻口都交付給它，感受身在這個城市何其幸運！

鬱鬱蔥蔥的花園早午餐

有著大片天窗的計程車一路往北開，沒駛入治安惡名昭彰的觀光區，反而轉進一處明亮、清幽的社區，陽光傾瀉，映得整條街遍地的金黃，兩旁的房子可愛得像童話場景，鞋跟踏在石頭路上的聲音也顯得純真輕快。

我們在大街上率性漫步，大聲聊著天，享受天清氣朗，很快來到一條綠葉成蔭的羊腸小徑，引我們到一道高聳的黑色鑄鐵圍籬

↑前往早午餐的路上，兩旁有如童話般的房屋，腳步不自覺就輕快起來。

↑蒙馬特精品酒店以前也是貴族居所。

前。望不著裡頭，只見到小小的門鈴，聲響長而清亮，應門的是位帥氣俐落的侍者，領我們進入這個絕美之境——蒙馬特精品酒店。

蒙馬特精品酒店的法文「Hôtel Particulier」指的是私人宅邸或別墅，通常有豪華庭園，早期多屬豪門貴族所有，隨著時光流逝、家族更迭，部分 Hôtel Particulier 保留外貌，內部則改成博物館、飯店或旅館，讓創意延續老房子的生生不息。蒙馬特精品酒店便是其中之一，小型精品旅館，每間房間都有獨樹一幟的裝潢，都能眺望薈蔚的花園，公共空間擺滿珍貴的藝術品收藏；一整片蔚然花園，則在週末慷慨地開放非房客預約，任人享受綠意環繞、芬芳馥郁的悠閒早午餐。

白色建築前是一片典型的法式庭園，小而高雅，繁花點點、莽榛蔓草，全熱鬧地映入眼裡。這裡因應地勢設計的上下階梯，巧妙創造出桌與桌之間的隱密性；桌子鋪上潔白桌巾，配上白色雕花鐵椅，反襯了仲夏的妍暖。正午 12 點才開始供應早午餐，如果早到了些，就先點杯熱飲，喚醒沉睡的味蕾，或來杯香檳，展開週末的微醺！

↑花園內運用地勢擺設的座位，
不但綠意盎然，且保有隱私。

↑早午餐菜式雖不多，但樣樣美味。

早午餐採自助式，雖然選擇並非應有盡有，但食材品質一流，各樣新鮮蔬果、火腿、肉凍、起士、各式剛出爐的麵包，還有廚師現場料理的多樣熱食，滿滿誠意，讓人心滿意足。尤其當你得走下沿途開滿繡球花的階梯取菜，再走回綠蔭下的座位，眼見身邊都是穿著入時講究的巴黎人，又是美食、又是美景的簇擁，是非常獨特的愜意。

蒙馬特精品酒店
Hôtel Particulier de Montmartre
23 Avenue Junot, 75018 Paris
+33 1 53 41 81 40
www.hotel-particulier-montmartre.com
Ⓜ⑫ Lamarck Caulaincourt 站步行約 15 分鐘

大皇宮的藝術、美食、時尚

曬了幾個小時暖陽後，茼心滿意足地提議：「那我們去看展覽吧！」

在巴黎，和友人相約看展覽、順便喝杯咖啡，是最踏實的日常生活。相較於觀光客眾多的知名博物館，茼更喜歡巴黎大皇宮不定期上演的展覽，展覽類目多而精，包含藝術、時尚、攝影、音樂、舞蹈、戲劇等，每年時裝週期間，更是各品牌兵家必爭的時裝秀場首選，絕對是藝術迷、時尚迷的朝聖地！

←坐在花團錦簇的花園裡享用早午餐，是最舒服的一日開端！

　　為了迎接在巴黎舉辦的世界博覽會，巴黎大皇宮完工於 1900 年，是當時巴黎最龐大的建築物，成功展示法國在藝術工藝上的輝煌成就。它擁有全歐洲最大的玻璃屋頂，至今仍無人能出其右，即使隔著塞納河，自左岸也能見著它鋒芒畢露的壯觀。

　　1964 年，內部大規模整修出一個寬敞展館，自此成為巴黎另一迎向國際的重要文化展演場地，每年策展約 40 餘場，吸引近 200 萬人參觀。

　　若你來到巴黎大皇宮，絕不容錯過高大廊柱後的迷你皇宮餐館，這家由米其林三星布里斯妥餐廳（Le Bristol）主廚艾瑞克‧弗瑞雄（Eric Frechon）掌廚，卻相對低調而顯得平易近人的餐館，營業時間由中午 12 點直至午夜，不僅是餐廳，也適合午後來些咖啡、點心，或夜幕低垂時來個浪漫的午夜巴黎約會。

　　茼和我欣賞了精采的展覽，心靈飽足之餘，便散步到一旁迷你皇宮餐館的入口，記得一定要指定戶外迴廊下的座位，點了濃縮咖啡，以及 5 到 9 月限定提供的自製冰淇淋，感受著只屬於我們的自在，還有盛夏的餘韻。

巴黎大皇宮 Grand Palais
3 Avenue du Général Eisenhower,
75008 Paris
+33 1 44 13 17 17
www.grandpalais.fr
Ⓜ 1 或 13 Champs-Élysées -
Clemenceau 站步行約 3 分鐘

迷你皇宮餐館 Mini Palais
3 Avenue Winston Churchill, 75008
Paris
+33 1 42 56 42 42
www.minipalais.com
Ⓜ 1 或 13 Champs-Élysées -
Clemenceau 站步行約 8 分鐘

→來到迷你皇宮餐館，別忘了試試它的自製冰淇淋。

「瑪黑」尋寶去

星期日早晨，和煦陽光灑進巴黎短租的公寓，手機傳來了茼的早安簡訊，說是該攜手繼續前一天的心靈旅程。迫不及待梳洗，穿上條紋開襟衫、戴上太陽眼鏡，步行到我最愛的瑪黑區。

瑪黑區泛指從巴黎市政廳向上及向右延伸至巴士底的區域，橫跨 4 區、3 區與 11 區邊界。13 至 17 世紀許多貴族紛紛在此興建宅邸，隨著歷史更迭，貴族陸續遷移至左岸後，猶太人進入此區落地生根，接著在 70 年代，瑪黑區成為巴黎第一個文化保護區。

特殊的歷史背景賦予瑪黑無可取代的獨特性，許多博物館、藝廊、餐廳在不改變建築物外觀、尊重歷史的共識下逐漸發展壯大。近年來更吸引許多特色商店進駐，多樣化的書店、花店、咖啡廳、時裝店、二手古物店舖……讓此區人文薈萃，讓人流連忘返。

我在巴黎求學時住在 3 區，茼住在 4 區，瑪黑是我們最常出沒、也最情有獨鍾的區域。瑪黑另一別具風情之處，在於它彌漫一股濃厚的「自由」氣氛，陽臺上插著的彩虹旗與花園裡的花卉植栽，一同宣告著這裡是對美感極其敏銳的同志聚集地。

對於想放鬆地喝一杯的女孩們來說，即使在夜晚造訪，也不必擔心被輕蔑搭訕或騷擾，畢竟同在酒吧裡的男士，大多比妳心思細膩、比妳婀娜多姿。瑪黑也是 Bobo 族偏愛的居住區域，因此將自由和不羈的氣息推至高峰。人種多元、文化開枝散葉，飲食更是百家爭鳴，全在蜿蜒而小巧的瑪黑街道上，大鳴大放。

巴黎風的豪邁紐約

巴黎鮮少有每天都得排隊的餐館，史瓦茨熟食店不僅天天門口上演洶湧的排隊人潮，裡頭賣的還不是法國菜，而是來自紐約粗

←史瓦茨熟食店的美式
餐點，深受巴黎人喜愛。

↓裡面的裝潢非常「美國」。

獷豪邁的布魯克林風情。

　　茼喜歡推薦來巴黎的朋友到此嚐鮮，讓旅人細細品味巴黎溫柔的多元與包容。主菜是原汁原味的美式風味，不若其他小酒館裡秀氣可人、嬌小迷你的法式漢堡，史瓦茨熟食店厚實香濃的起士漢堡佐大把薯條，份量慷慨，是巴黎難得一見的十足「美國樣」。

　　餐點份量增大了，讓人免去繁瑣的餐桌禮儀，大夥兒埋頭大啖美味多汁的碳烤牛排、經典醃牛肉三明治等異國滋味，直接、爽快，用餐氣氛也更加親切。但是，這裡的前菜倒相當「法國」，醃漬蔬菜、醃漬海鮮和火腿等，是許多附近居民的外帶回家佐美酒的心頭好，而這些道地的法式熟食與耳邊低鳴的法語，像在興致高昂的美式氛圍裡，輕聲提醒著──我們仍在巴黎。

史瓦茨熟食店 Schwartz's Deli
16 rue des Ecouffes, 75004 Paris
+33 1 48 87 31 29
www.schwartzsdeli.fr
Ⓜ 1 Saint-Paul 站步行約 10 分鐘

↓前菜煙燻鮭魚。　　　　　　　↓碳烤牛排份量非常大。

復古至上的欲望

談到時尚，在「全球時尚之都」巴黎、又在「巴黎藝術核心」瑪黑區打滾這麼多年，茵比任何人都了解巴黎人的喜惡。巴黎人討厭的流行風格可多著，但談到「Vintage」，大都露出迷戀眼光，即使不會真買來穿戴，也絕對視這些二手古物為時尚繆思、靈感來源。Vintage 能讓人不受時尚潮流控制、不被流行雜誌左右，反而在一堆看似不起眼的舊物中，學會辨識東西的質感與價值，找到歷久不衰的經典風格。

從史瓦茨熟食店走個幾步，便抵達瑪黑正中心薔薇路（Rue des Rosiers）上的復古欲望古著店，今日探訪的第一家二手古著店，原木色的老舊門面很不起眼，門口大大寫著「Coiffeur（理髮院）」，不知這裡的前身是否是間理髮院呢？反倒是它真正的店名，只隨性地貼在玻璃上，非得從裡到外體現二手、嬉皮的率性不可。

店裡頭滿滿人潮，各國語言在空間裡迴盪，琳瑯滿目的盡是老闆從世界各地蒐集來的古著，15 歐元左右就能挑到一件頗有特色的洋裝，還有很多 10 歐元左右的配件單品，如果你也想一窺「Vintage」的奇幻魔力，復古欲望將輕鬆領你入門！

復古欲望古著店 Vintage Désir
32 Rue des Rosiers, 75004 Paris
+33 1 40 27 04 98
Ⓜ① Saint-Paul 站步行約 10 分鐘

經典名牌的歷久不
衰,經歷歲月後成
為搶手的古著。

經典名牌也有二手古著

接著,茼帶我來到由紀子二手古著衣,深得我心!收藏許多知名設計師品牌自 20 至 80 年代的商品,幾乎都是愛馬仕、香奈兒、迪奧、浪凡等經典名牌,在時尚迷記憶中根深蒂固且無可取代的時尚景像。走進這間店,彷彿走進奧黛莉赫本或葛莉絲凱莉的衣櫥,盡是經典不敗款。

由紀子更有許多豈止是漂亮可以形容的古董首飾和珠寶,如果口袋夠深,真想把它們統統打包回家。專精於視覺陳列或空間規劃的人,也一定會對於空間裡揮灑的美感與細節之講究留下深刻印象。

由紀子二手古著衣 Yukiko
97 Rue Vieille du Temple, 75004 Paris
Ⓜ① Saint-Paul 站步行約 15 分鐘;或⑧ Saint-Sébastien – Froissart 站步行約 15 分鐘

一天逛不完的大型古著商場

接著,我們來到了 2 區的 Espace Kiliwatch,這裡號稱是巴黎近年來最成功的二手古著店!

Espace Kiliwatch 經營二手商品買賣已有 25 年資歷,有個近 7500 坪的倉庫,每季新舊商品不斷湧入,他們會先嚴格篩選,品

質最好的單品留在 Espace Kiliwatch 獨家販售,其餘商品則躉售予自世界各地慕名而來的二手古著店鋪。

　　店面展場是約 170 坪的挑高空間,展售 60 年代後所有風格的古著、配飾、復刻新品以及全新品牌商品,數量與多樣性堪稱巴黎之冠。時尚是門輪迴的藝術,好的東西就像古董一樣,任時光在上頭刻上價值,不懂的人霧裡看花,懂的人不僅懂得欣賞、懂得收藏,還要能自在地混搭新衣和二手衣,然後瀟灑地穿出一身的俐落和品味。

　　寬敞空間中或依季節、或按款式分區規畫,讓購物者輕鬆找到所愛和所需。店裡工業風格的裝潢配上非常適合跳舞的輕快音樂,有種置身復古年代的奇想,較其他店鋪更具態度與流行性。

　　「據我所知,這裡是超模們來巴黎最愛逛的店鋪之一,如果問她們衣服哪裡買的,大都回答 Kiliwatch 喔!」苘眨了眨眼睛。

Espace Kiliwatch 古著商場
64 rue Tiquetonne, 75002 Paris
+33 1 42 21 17 37
www.kiliwatch.fr
Ⓜ④ Etienne Marcel 站步行約 5 分鐘

←這裡的甜點琳瑯滿目，難以選擇。

↓馬卡龍美麗又美味。

巴黎最美味的隱藏版馬卡龍

　　若在春暖花開之際造訪巴黎，一定時常聽到咖啡館、餐館門口的客人對侍者說：「En Terrasse.（室外座位）」巴黎人為了和珍貴的暖陽更親近些，特別指定了陽光朗照的戶外座位，像是對著澄藍晴空致上萬分敬意，更像一種歌頌明媚節氣的華麗儀式。忘了什麼時候開始，我們也染上了這親近陽光的習性，只要早晨的房間裡落下窗外的一抹金黃，整個週末便會變得活潑起來，人們終於捨得離開溫暖的被褥，全都湧到咖啡館外的露天座位，享受這份風恬日朗。

　　這一天，崗和我約在四區的孚日廣場（Place des Vosges），這是巴黎最古老

→風光明媚的時候，戶外座位絕對是一位難求！

149

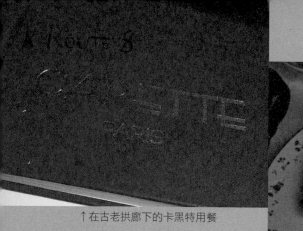

↑在古老拱廊下的卡黑特用餐

↑法式鹹派佐新鮮油醋沙拉

的廣場，完整保留 17 世紀的建築風格，廣場是少見的正方型、正中央是個公園，四周則由相連的黑色屋頂、紅色主體、1 樓的拱廊型設計連成一座華美典雅的建築群。這裡曾是「皇家廣場」，法國皇室在此風風光光地舉辦皇室成員的婚禮、騎士比賽，法國文豪雨果也曾與家人在這個廣場住了 16 年，現在，他住過的房子已改為「雨果紀念館」供遊客參觀。

我們走在拱廊下，途經一間間別具特色的藝廊，看見雨果咖啡館裡喝著牛奶咖啡、佐著陽光的人群，聽著街頭藝人熱鬧的小型演奏會，最後走到我們熱愛的卡黑特茶沙龍。茼和我說好要複習以前在巴黎的週末，在古老的拱廊下點一份巴黎最美味的隱藏版馬卡龍，懷念那個鄉愁吹得騰騰落落的正午，兩個異鄉遊子的思鄉和釋然。

卡黑特裝潢明亮，充滿舊日法式情懷，最迷人的是它那令人目不轉睛的繽紛玻璃櫃，甜點迷肯定為之瘋狂！馬卡龍、焦糖泡芙塔（Saint Honoré）、巧克力閃電泡芙（éclair au chocolat）都曾在不同年份、不同的評比當中，被不同的媒體及美食家評選為巴黎第一！茼最愛它的法式奶油麵包（brioche），樸實滋味卻蘊含著

↑我最愛的酥烤火腿起士吐司加蛋

↑法式可麗餅

不平凡的細緻。

　　這裡的鹹食也令人驚豔，我最喜歡酥烤火腿起士吐司加蛋（Croque Madame）、法式鹹派（Quiche）佐新鮮油醋沙拉，每一口都感受得到卡黑特沉澱 90 年的精湛手藝。

卡黑特茶沙龍 Carette
25 place des Vosges, 75003 Paris
+33 1 48 87 94 07
www.carette-paris.com
Ⓜ ⑧ Chemin Vert 站步行約 10 分鐘；或 ① Saint-Paul 站步行約 15 分鐘

最經典的時尚聚集地

　　接著，茼和我坐上地鐵，前往巴黎皇家宮殿！如果有充裕時間和體力，建議可採步行的方式，從瑪黑沿著里沃利路（Rue de Rivoli）散步到羅浮宮旁的巴黎皇家宮殿，大約 30 分鐘。

　　靜謐的巴黎皇家宮殿在羅浮宮北翼的正對面，它的低調與沉靜吸引不了行色匆匆的旅人，反而成為巴黎人遠離塵囂的祕密堡壘。巴黎皇家宮殿建於 17 世紀，曾擔任路易十三長達 18 年的首

↑巴黎皇家宮殿是我和茼非常喜愛的逛街祕境。

相黎塞留、路易十四、數不清的權貴、文學家等都曾住過此地。圍繞著中庭花園的三面迴廊，在 18 世紀末成了商店街，可說是巴黎拱廊街的始祖，現在則聚集了精品旗艦店、二手古物店、咖啡廳，還藏了一間歷史悠久的劇院與一家米其林二星大維富餐廳（Le Grand Véfour）。

　　茼喜歡在平日下午來到這裡，逛逛在斯德哥爾摩成立、在巴黎大紅大紫的品牌 Acne，流連於 Pierre Hardy，看這個曾效力於迪奧、愛馬仕和巴黎世家的天才設計師，如何將他的美學背景與理念發揮在時尚單品上。或花上好一段時間，在義大利新穎設計師品牌科多（Corto Moltedo）裡找尋穿搭靈感，整個牆面五顏六色的手拿包，細看盡是設計師的才華與細緻的工藝，難怪能成為時裝週裡人手一只的當紅時尚單品。

　　走著走著也累了，茼和我坐在廣場一隅，看著陽光從弧形拱廊瀟灑落下，談著從前在巴黎點點滴滴的往事，那些熱烈、那些平靜，全成了我們對巴黎絕頂浪漫的演繹。

巴黎皇家宮殿 Palais Royal
8 Rue de Montpensier, 75001 Paris
+33 1 47 03 92 16
www.palais-royal.monuments-nationaux.fr
Ⓜ❶ Palais Royal Musée du Louvre 站步行約 5 分鐘

- ❶ 蒙馬特精品酒店 Hôtel Particulier de Montmartre
- ❷ 巴黎大皇宮 Grand Palais
- ❸ 迷你皇宮餐館 Mini Palais
- ❹ 史瓦茨熟食店 Schwartz's Deli
- ❺ 復古欲望古著店 Vintage Desir
- ❻ 由紀子二手古著衣 Yukiko
- ❼ Espace Kiliwatch 古著商場
- ❽ 卡黑特茶沙龍 Carette
- ❾ 巴黎皇家宮殿 Palais Royal

Lamarck Caulaincourt 站

Bd de Clichy

Bd de Temple

Rue Saint Honoré

Champs-Élysées - Clemenceau 站

Rue de Rivoli

Rue de Richelieu

Palais Royal Musée du Louvre 站

Etienne Marcel 站

Saint-Sébastien-Froissart 站

Chemin Vert 站

Saint-Paul 站

-en-Laye
N 12

PARIS

Coulomm

Versailles

N 4

N 159

Melun

N 19

人物／白婷（Laurence）
背景／巴黎人，巴黎資歷一輩子
職業／法文老師、藝術嚮導

ROUTE 9

愜意的巴黎

——法文老師的散步路線與野餐清單

行色匆匆的巴黎人，其實最懂「慢活」哲學，
在聖母院前細細品嚐可麗餅，漫步西堤島花語市場，
接著，到聖路易島排隊買球全巴黎最美味的冰淇淋
在塞納河畔享受美景、舌尖的冰涼滋味，
還有看不盡的風華。

↑聖路易島上沒有地鐵站，從橋上就開始一趟　↑聖路易島古樸而迷人，很適合散步。
愜意的散步。

　　今年的巴黎熱得特別慢，雖然高掛著和煦太陽，依舊冷風撲
面。我與快要 4 年不見的白婷約在聖路易島（Île Saint-Louis）上
一家叫作「我的老友」的餐廳碰面，真是再貼切不過。

　　穿上風衣，自右岸的四區越過橋，緩緩漫步到聖路易島，春色
風光讓人心靈格外沉靜，卻怎麼都按耐不住即將和老友再聚的雀
躍。在斷斷續續、艱辛卻漫長的法文學習生涯中，白婷是我在出
發到巴黎求學前，給了我最大幫助、最重要的法文家教，更是我
遇過最優質、專業、細心的法語老師。

　　白婷是道地巴黎人，卻也是臺灣人。她在法國巴黎羅浮宮藝術
學院主修中國藝術史，並於巴黎第七大學學習中文，求學期間獲
得臺灣教育部的獎學金，便鼓起勇氣來到人生地不熟的臺灣。她
曾在臺北故宮博物院、歷史博物館擔任講師、藝術嚮導，規劃多
場展覽，更參與多項文化翻譯工作，因為愛上臺灣的人情與文化，
就這麼落地生根住了下來，在臺灣長達 27 年的歲月，她不但成
家立業，還生了 2 個可愛的兒子。直到有一天，白婷突然和我說

↑兩座島上都隨處可見露天咖啡館，氣氛悠閒。　↑可看得出聖路易島上的建築都具有歷史的重量。

她決定回巴黎與母親同住，才暫時為我們的友情畫下休止符。

　　不知是個性使然或在巴黎磨得更利的脾氣，我特別喜歡和直心眼的人交朋友，這樣的人對任何事都有話直說，有著不選邊站的坦蕩，而巴黎人大多數都坦蕩得很。雖然有時過了頭就有點盛氣凌人，但我認識的白婷待過文化截然不同的臺灣，比起一般巴黎人的自負，她顯得自由而溫暖，讓人很想靠近。直爽的白婷時常說：「我不喜歡巴黎人！」但我總想對她說，其實巴黎人都該向妳學學，因為妳是把巴黎人的自由坦蕩，演繹得最完美的人。

　　塞納河把巴黎切成右岸和左岸，在巴黎正中央留下兩座天然河島，一座是遠近馳名的西堤島；另一座則是我今天來到的聖路易島。聖路易島很小，島上沒有地鐵站，人、車必須由不同的橋進入這塊號稱「繁華花都裡的寧靜綠洲」。我很喜歡這裡的氛圍，微風拂來，彷彿還聞得到歷史的陳舊木香，雖然時常滿是遊客，但仍保留著它古樸、彷彿與世隔絕的低調風格。

↑「我的老友」餐廳外觀相當低調優雅。　↑內部裝潢大氣沉穩。

美食如其名，一見如故

還擔心著多年不見，白婷會不會忘了我，卻回頭就見到滿臉笑容的她，張開雙手準備給我溫暖的法式擁抱。

今天白婷帶我來的「我的老友」餐廳，是由米其林三星主廚魏斯特曼（Antoine Westermann）創立，志在遠離米其林星等，追求更踏實的料理本質，希望透過對食材的尊重、平易近人的定價，讓更多人品嚐到真正的美食。其特別之處在於運用大量新鮮蔬果與當今食材入菜，創造多樣、大器而讓人吮指回味的美好滋味。餐廳一如它的名稱，不僅待客如老友碰面般親暱，這份熱情更表現在餐點慷慨的份量上，希望大家都能與同桌好友，一起開心共享美食。

首先品嚐的白蘆筍佐鵝肝是巴黎常見的菜色，入口即化的鵝肝，配上份量多如美夢成真的奢華白蘆筍，只要亞洲三分之一不到的價錢，直率不做作的烹飪手法，入口盡是新鮮甜美。

有看過動畫電影《料理鼠王》嗎？該電影原名是《Ratatouille》，法文原意為普羅旺斯燉菜，也是「我的老友」經典菜式之一！將櫛瓜、茄子、番茄、蘆筍、洋蔥等多樣蔬菜燉得入味，大方灑上香氣撲鼻的帕馬森乾酪，搭配法式麵包，讓人一口接著一口，感

↑白蘆筍佐鵝肝　　　　　　　↑普羅旺斯燉菜

謝大地孕育如此美味。

　　「我對甜點一向沒有抗拒能力！但誰有呢？」白婷的眼睛笑盈盈的，她十分熱愛甜點，特別點了巴巴藍姆酒蛋糕（Baba au Rhum）做為這一餐完美的休止符！Baba 這名字聽來可愛，卻是非常大人口味的成熟甜點，蛋糕豪氣地浸泡在藍姆酒裡，吸飽了酒香、酒氣，降低甜膩卻增加了香味，被法國人認為是風味絕佳、促進消化的甜點首選之一。我們便這麼忘情地一口接著一口，縱情於這讓人微醺的甜潤滋味。

↑巴巴藍姆酒蛋糕

我的老友餐廳 Mon Vieil Ami
69 Rue Saint-Louis en l'Île, 75004 Paris, France
+33 1 40 46 01 35
www.mon-vieil-ami.com
Ⓜ❹ Cité 站步行約 20 分鐘；
或 ❼ Pont Marie 站步行約 10 分鐘

→下次有機會，和老友一起來吧！

↑花語市場已經有 200 年歷史。　↑買束花香，感受萬紫千紅的美。

百年花語，繽紛芬芳

　　結束讓人難忘的美食，走上街頭，發現巴黎人望眼欲穿的夏天，終於來了。風和日暖，陽光曬得塞納河波光粼粼，接下來我們打算去巴黎百年花市逛逛，看看他們怎麼妝點這片嫣紅姹紫。

　　巴黎的花語市場已經在西堤島默默綻放了兩個世紀。如果你愛花、愛園藝家飾，這裡就像個美感叢林，能夠盡情探索尋寶。繡球花的萬紫千紅，讓人格外心安，就像它的花語「希望」，心裡盡是暖意；薔薇、星辰花、山茶花，全都以驕傲的姿態歌頌著花都的星星點點；玻璃帷幕屋頂，灑進溫暖的金色陽光，高掛著的是一只只精巧的鳥籠。週日時，這裡會變成熱鬧的鳥市，鳥語花香、花容燦爛；彩虹般的小型澆水器，一個緊貼著一個，成了小店的特色門

←精緻的花器、家飾品，將你家也妝點成巴黎。

框；推開綠色的木頭門，裡頭有各式各樣的精美家飾品，我們禁不住誘惑買了好幾個裝飾用的迷你熱氣球，打算讓家裡藏個巴黎的影子，可以隨時想念。

花語市場 Marche aux Fleurs
Place Louis-Lépine, Paris 75004
Ⓜ❹ Cité 站步行約 5 分鐘

絕對不可錯過的巴黎冰淇淋

這個被評價為全巴黎最好吃、全世界最美味的冰淇淋小店，活得非常法國。它沒有分店，僅此一家就住聖路易島上，週一、週二都休息，平日營業時間還非常短，7、8 月大門深鎖，瀟灑度假去！

貝席隆冰淇淋有著讓人一試成癮的迷人魔力，以前即使在巴黎的冬季，我還是心甘情願頂著冷冽寒風前往，只為解解心裡和嘴裡的饞。琳瑯滿目的冰涼滋味裡，我最愛草莓口味，比一般坊間口味來得酸，巧妙中和了甜膩，香氣芬芳紮實，幸運的話，還能嚐到藏在裡頭的糖漬草莓，而漂亮的玫紅色更像極了紅寶石，女孩一定很難抗拒。

我們口中的「冰淇淋」，其實是以美國文化的角度，泛指大家最熟悉、也最容易買到的「Ice Cream」，一般指 15% ～ 20% 以上脂肪含量的冰品。而對飲食特別講究的法國，自然有別於美國的一套理論，冰淇淋法文叫「Glace」，還有一種叫作「雪酪（Sorbet）」，兩者的差異是牛奶、蛋黃及鮮奶油含量。簡單來說，就是嚐起來時奶香的濃郁程度。Glace 嚐來綿密而有豐富奶香，口味濃郁、口感滑順；Sorbet 則大多沒有加入牛奶，由新鮮水果、

果泥、果汁直接製成，通常較為爽口，也常作為正式法餐中兩道菜之間，讓味蕾歸零的開胃利器。

如果哪一天你到了聖路易島，卻正好遇到大有個性的貝席隆休息，不要擔心！其實島上到處都可以見著貝席隆的招牌，咖啡館、餐廳、雜貨店……這些店鋪的冰品都是向貝席隆採購，也許氣氛並非滿分，但口味肯定正統。

和白婷買了遠近馳名卻又深得我心的貝席隆，再散步到一旁的塞納河畔，順著階梯往下走，走到河邊一棵樹下，優雅地席地而坐。看著來來往往的遊船、橋上的絡繹不絕的遊客，聊著精采的過去和美麗的未來，享受這一份無價的清幽，還有老友相聚的感動。

貝席隆冰淇淋店 Berthillon
31 Rue Saint-Louis en l'Île, 75004 Paris
+33 1 43 54 31 61
www.berthillon.fr
Ⓜ④ Cité 站步行約 20 分鐘；或 7 Pont Marie 站步行約 10 分鐘
※ 營業時間：10：00 ～ 20：00，星期一、二公休。但每年 7、8 月間休 1 個月，造訪前請務必查閱官網。

隱身巴黎的阿拉伯風情

巴黎清真寺為西班牙摩爾（Hispano-Moorish）建築風格，尖塔、阿拉伯風格的鑲嵌畫、花窗設計，是巴黎伊斯蘭教徒的信仰中心，更是呈現阿拉伯文化不朽歷史的神祕方舟。

如果不是白婷介紹，我從不知道巴黎竟藏著這麼一個充滿異國風情的角落，彷彿巴黎的文化、風格、流行，怎麼都吹不進這潔白而堅固的城牆。裡頭有供應道地北非料理的餐廳、茶沙龍，還有個男性止步、只有女性能預約的土耳其式澡堂，裝潢華麗、色彩繽紛，強烈的視覺風格很值得一看。

基於複雜的歷史因素，巴黎住著大量阿拉伯裔與非洲裔移民，為美食文化注入不可思議的多樣性。我在巴黎體驗過許多飲食經驗的「第一次」，雖然並非樣樣令人驚豔，也不是道道合東方人的胃，但北非小米倒是長驅直入進了我的最愛名單！

北非小米是北非阿爾及利亞附近地區人民的傳統主糧，以杜蘭小麥加上小麥麵粉、水、鹽與橄欖油等製成，含有優質澱粉與蛋白質，單吃有股淡淡香味與鹹味，通常會加上大把葡萄乾、橄欖、堅果來增加口感，並且搭配燉烤蔬菜或口味較重的肉類。巴黎清真寺裡的餐廳便有各式各樣的北非小米種類可以選擇，當你對餐餐西方食物感到有一點膩時，就來這裡呼吸一下北非的香氣吧！別忘了餐後來杯甜度爆表的薄荷茶（Thé à la menthe），好好體驗恍若錯置的異國時空。

巴黎清真寺 La Mosquée de Paris
39, rue Saint-Hilaire 75005 Paris
+33 1 43 31 38 20
www.la-mosquee.com
Ⓜ 7　Censier - Daubenton 站步行約 10 分鐘

↓野餐，是巴黎人生活的一部分。

↑若在春天來到國璽城堡公園，可以看到美麗的櫻花。

郊區公園的愜意下午

我一向不怎麼認同那句紅極一時的廣告詞：「生命就該浪費在美好的事物上！」法國人如果聽到這句話，肯定和你吵上一架。生命就是因為分秒都不該浪費，所以才必須處處講究，從大方向到小細節，不容一絲草率苟且，無時無刻不追求極致美好。是呀！人生短暫，理應美好！

所以，若你在巴黎週末市集裡巧遇一位甜美婦人，她可能是位工夫了得的素人神廚；在巷口酒館裡和你攀談的白髮大叔，可能是研究了一輩子紅酒的藏酒、品酒行家；藝廊裡和你擦肩而過的巴黎女人，馬尾梳得乾淨俐落，可能才剛走下加尼葉歌劇院的舞臺，因為芭蕾舞表演季恰巧結束。幾乎每個法國人都有個特長，有些是一生職志，有些是幾乎成精的嗜好，但都很低調、很內斂、很慢，因為窮極一生都在修這門品味學，燉這鍋生生不息的美好生活。

行色匆匆的巴黎人，其實最懂「慢活」哲學，因為速度一定要「夠慢」，才能體會細節裡的美好。花整個下午躺在公園草地上，

惬意的巴黎

←公園內隨處可見席地而坐的人
們，享受著陽光。

一邊享用陽光、起司與紅酒，一邊好好讀完一本書，是春夏最時
髦的活動。

我還住在巴黎的時候，從早春到仲夏，12 區的凡仙森林（Bois
de Vincennes）、6 區的盧森堡公園（Jardin du Luxembourg）或塞
納河上的藝術家橋（Pont de arts），是我和室友最愛偷閒的野餐
地點，只要一支剛出爐的法式長棍麵包、一小包煙燻火腿、一點
點布里起司、一盒鮮果優格、一支個性鮮明的夏布利酒，就能成
全我們一下午緩慢而深刻的美好。

白婷推薦的國璽城堡公園，是巴黎南郊的一座大型公園，內有
一座城堡與充滿美麗植栽的大片花園，只要搭上近郊鐵路 RER B
線一路向下，不一會兒就能抵達這個世外桃源。

野餐這天，我們先按照不成文的習俗，大致分配了每個參與的
朋友要負責準備的餐點。白婷是重視健康的環保人士，已經吃素
多年，這次野餐也就順理成章一同崇尚自然，食物基本上以素食、
不沾手、好分食、不需刀叉為原則，飲料則必備酒水，如果不喝
酒，巴黎人多半會準備氣泡水或果汁。

↑→野餐之前，一起去超市採買野餐的食物吧！

　　也許是生性懶散、或太愛巴黎了，我很少離開熟悉的生活圈，也鮮少離開巴黎市區。這次白婷的貼心安排，一定是想讓我這個井底之蛙看看原來巴黎郊區這麼美、這麼開闊，藏匿著大片遠離塵囂的寧謐。選定一處陽光灑瀉的草地，有些樹蔭稍稍阻隔了澄金耀亮的太陽，攤開野餐布，是時候見識這些巴黎人將生活過得如此美好的本事！

　　一盒綠色黑色相間的醃漬橄欖、切成條的新鮮小黃瓜與胡蘿蔔、一大盒櫻桃番茄、水煮雞蛋、一盒綜合乾果（杏仁、腰果、榛果、葡萄乾、無花果和椰棗等）、各式各樣新鮮水果、一些剛出爐的麵包、接受度很高的康門貝爾起司（Camembert），最後是白婷親自烘焙的入口即化的起司塔（Tarte au Fromage）和香醇紮實的奶油磅蛋糕（Quatre-quart）。

　　一瓶水、一壺熱咖啡；五個人、五本書，就這麼一邊品嚐美食、一邊聊文化、聊感情，閒暇時閱讀，等到溶溶暖陽變得淡白，我們才不甘願地揮別午後奢侈的閒適，起身回家。

國璽城堡公園 Parc et Chateau de Sceaux
Domaine de Sceaux, Parc et Musée de l'Ile-de-France 92330 SCEAUX
+33 1 41 87 29 50
domaine-de-sceaux.hauts-de-seine.net
此景點位於郊區，搭乘近郊鐵路 (RER) Ⓑ 到 Parc de Sceaux 站後，
直走步行約 15 分鐘，即可看到公園。

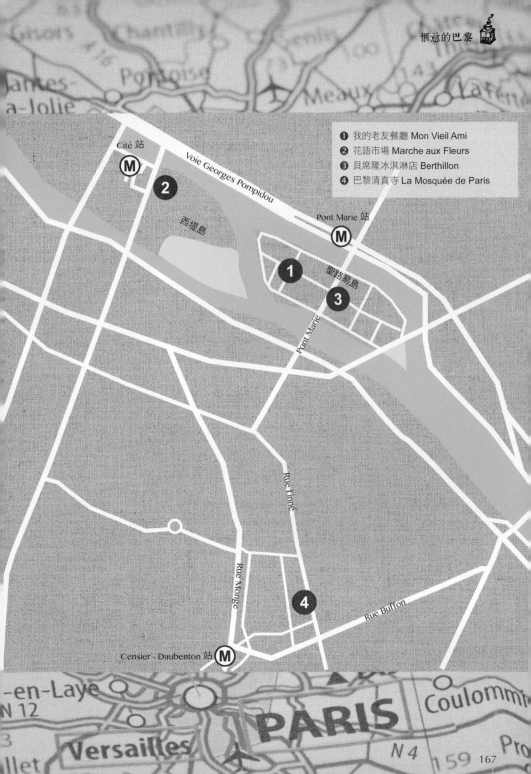

❶ 我的老友餐廳 Mon Vieil Ami
❷ 花語市場 Marche aux Fleurs
❸ 貝席隆冰淇淋店 Berthillon
❹ 巴黎清真寺 La Mosquée de Paris

Cité 站

Voie Georges Pompidou

西堤島

Pont Marie 站

聖路易島

Pont Marie

Rue Linné

Rue Monge

Rue Buffon

Censier - Daubenton 站

人物／HC
背景／巴黎人，巴黎資歷一輩子
職業／網路創業家

ROUTE10

在地的巴黎

——參加創業家的私人派對

巴黎物價驚人,餐廳酒館只能是偶一為之的娛樂,
當朋友們想聚首狂歡,在家裡開派對絕對是賓主盡歡的選擇!
巴黎人的私人派對,
吃什麼佳餚、喝什麼美酒,談論些什麼樣的風花雪月呢?

↑ HC 是我在巴黎時，最熱心的好朋友！

　　和 HC 約在這處以前時常和一群朋友聚會的咖啡館，裝潢氣氛
一點也沒變，清新、熟悉，彷彿暖融融的友情還在空間裡迴盪。
如果一個城市變成了習慣，忙碌便吞噬感官，再美、再細緻、再
精采，都只是平淡的生活。這次回到巴黎，感觸特別多，突然體
會錯過的每一個細節原來那麼深刻。這一天，我特地提早半小時
抵達，點杯牛奶咖啡，像個初次造訪的遊客，想從頭體驗海明威
形容的這個「世界上最適合作家創作的城市」，究竟魔力何在。

　　與 HC 一年不見，上次是他即將結束外派工作返回巴黎，我們
一夥人二話不說飛抵香港，到蘭桂坊參加他的離別派對，重溫巴
黎的派對時光，好不溫馨熱鬧！一晃眼一年過去，不知道他現在
過得好嗎？遠遠望見他穿著黑色風衣，腳步飛快地朝我走來。

　　「我的朋友，你看起來氣色真好！」我大聲地說。

　　HC 在巴黎出生長大，父母是越南華僑，戰亂時來到法國，孜

孜矻矻地討生活，在慌亂間落地生根。和其他扛著相似背景的人一樣，雖然沒有法國人的棕髮碧眼，但巴黎屬於他，他也只屬於巴黎。他在這裡努力不懈，擺脫新移民的不安定、不認同感，闖出一番亮眼成績，現在是個成功的網路創業家，還正在學中文。

　　如果非常俗氣地以「出外靠朋友」解釋我在巴黎求學的生活，HC 絕對是那位最靠得住的好朋友，每當我遇到大大小小的危難時，他總不吝出手相助。他的公寓位在 9 區，雅緻寬敞，是朋友們最鍾情的聚集地，因為這裡有吃不完的美食、喝不完的酒，還有電動飛鏢機！

　　今天，隨性地帶上一支酒，我們一起參加這場巴黎人的私人派對吧！看看他們在派對前如何悉心準備，也靜靜地觀察他們在席間吃什麼佳餚、喝什麼美酒，又談論些什麼樣的風花雪月。

→ HC 家裡的電動飛鏢機深受朋友們喜愛！
↓ 朋友家裡就是最好的私人派對會所。

↓酒已經備好，就等客人上門。

↑就算沒有特別理由，有緣相聚就值得舉杯慶祝！

愛上杯觥交錯的歡笑時刻

巴黎物價很驚人，上餐廳酒館只能是偶一為之的娛樂，當朋友想聚首或狂歡，在家裡開個派對，絕對是個賓主盡歡的選擇。但巴黎人把「到朋友家派對」這件事也做得很有巴黎味，除非是臨時起意的小型聚會，否則派對一定要有主題，而且食物、飲料的準備，絕不苟且馬虎！

這一天的派對主題是「我的創意漢堡」。每個參加的朋友都得規畫一道獨家食譜，親自上市場採買食材，並在派對現場料理完成，最終大家一起評分，選出第一名的吮指美味。輸家不一定得經歷嚴苛的懲罰，頂多冷嘲熱諷一陣、或賞烈酒一杯，但過程中若能嚐到些老饕級的手藝，或換得哄堂笑聲，就能稱上一場漂亮演出。

我常說，巴黎的生活經驗帶給我的成長有好有壞，如果你和我一樣鍾情正向思考，我的確學會了法國人那套講究細節的生活美學，還有非享樂不可的人生哲學，雖然只有一招半式，卻也徹底改變我的人生。比如說，在想要放鬆的宴席上，無好酒不歡，千萬別爛醉如泥，卻誓死追求微醺！而對那些不嗜酒類、甚至不屑

酒類的保守派，總覺得隔著千山萬水，很難推心置腹。

理所當然的，派對的開場絕對是「酒」！通常主人會將各式酒款備在桌上，讓客人自行取用，喜歡紅白酒、香檳、烈酒、調酒還是冰箱裡的啤酒？沒有規定，一切隨心所欲！想一次喝盡所有選擇也行，但酒膽酒量可得夠份量。

手上拿著美酒，在派對裡任意穿梭、和友人寒暄，再小小抱怨一下工作或生活，先把胃口喝熱了、心裡喝暖了、眼裡有些迷濛暈眩，與熟稔的朋友溫習荒廢了的默契，再和新朋友打破初見面的尷尬，這才甘願開始真正的派對。

派對不能沒有葡萄酒

法國不是第一個釀製葡萄酒的國家，現在也並非葡萄酒第一大產出國，但因為它得天獨厚的氣候、地形等條件，加上人文風情、歷史沿革、政府介入管制等因素，造就法國成功生產物美質優的頂級葡萄酒，成為享譽全球的美酒王國。

↑葡萄酒已成為法國人生活的一部分。

↑葡萄酒不一定搭配正餐，任何食物都能成為最佳輔佐！

　　古羅馬帝國入侵高盧（今法國）前，當時的高盧、北歐人都喝日耳曼人最愛的啤酒，但隨著凱薩大帝率領英勇善戰的古羅馬大軍，於西元前 51 年佔領高盧，法國的飲食文化就此改寫。葡萄種植業旋即在法國盛行，雖幾經興衰，這個上帝眷顧的六角型國度，仍把持著大把優勢，使其葡萄酒產業蓬勃發展至今；而葡萄酒更從此深植法國人的文化與生活之中，洋洋灑灑地給這個國家寫上一篇又一篇浪漫的情詩。

　　某一年巴黎連下了幾天大雪，在似乎招架不住嚴寒，就要感冒之際，有個法國好友為我煮了杯熱紅酒（Vin Chaud），裡頭加了檸檬、肉桂、蜂蜜，灑上橘子皮，煮得熱騰騰的，在寒冬裡直冒白煙。喝下不覺酒氣濃郁，倒是淡淡的香料氣息，還有滿口和著友誼的甜蜜，小感冒竟也奇蹟似地不藥而癒。

　　我當時以為只是朋友家特殊的習慣，沒想到是許多法國人增強抵抗力的妙方，背後還藏著古老的文化意涵。西元 18 世紀前，由於醫藥、科學仍非常落後，許多傳染病與疾病猖獗，人們對於食物、飲水皆戒慎恐懼，比起不見得乾淨的水源，葡萄酒被認為較潔淨，且具有醫療功能，因此皇室貴族喝葡萄酒養生，一般百姓則以水加少量葡萄酒，用以防疫治病。這真是老祖先的智慧結晶，心存感激的說：「真好，又多了個喝好酒的好理由！」

　　寒冷冬季，如果想來杯熱紅酒暖暖家人的脾胃，做法很簡單，5 分鐘即可完成！

orange

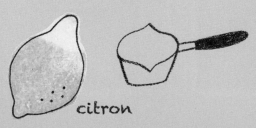

citron

簡易版熱紅酒小筆記

材料：

紅酒 1 瓶（750cc）、紅糖或白糖（180g）、檸檬 1 個、柳橙 1 個、肉桂棒 1 支、丁香 3 粒。（肉桂棒可以肉桂粉取代，丁香亦可以丁香粉取代。）

作法：

將檸檬、柳橙切片放入鍋中，加入紅酒、糖、肉桂棒、丁香一起熬煮，不需煮沸，燒熱了即可起鍋飲用。

若希望酒味淡一些，可以加上偏甜的新鮮柳橙汁；若想讓酒香更濃郁，可加入少量甘邑（Cognac）。若喜好偏酸口味，可加入新鮮檸檬汁；若希望暖身效果更明顯，可加上適量薑片、八角一起熬煮，這可是法國最傳統的食譜喔！

多貴才算美酒？

烈酒、啤酒等酒類價格一般與其他地區無異，紅白酒價格卻能從 2 歐元到幾萬歐元，選擇之多元、價格差距之大，時常讓人在酒櫃前躊躇不前，久久無法下決定。

不如亞洲時興的「越貴越好」觀念，大部分巴黎人認為「萬物只看標價」的行為極其俗氣；對於波爾多於 1855 年開始的酒莊分級制

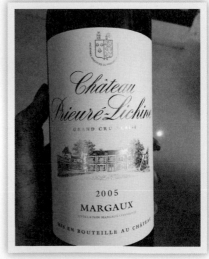

↑ 好酒不一定等於昂貴，懂得選酒莊、年份，也能品嚐平價美酒。

度，不若亞洲將之奉為圭臬，巴黎人只是尊重，但絕不盲從。比起一瓶天價的拉斐酒堡（Château Lafite Rothschild），他們選產區、選葡萄，也很能欣賞小農自釀的純樸風味。我在波爾多酒莊時，私人嚮導曾皺著眉說：「5大酒莊價格被炒得太高，喝的時候只想到價錢，你還能真心品出葡萄酒的美嗎？」真是一語中的。

甚至有些巴黎人覺得波爾多產區都太過商業化，失去獨特性、細緻度，也讓美酒佳釀的藝術性蕩然無存，反而讓來自法國其他產區，或以有機栽培的葡萄酒在巴黎大受歡迎。若是平時佐餐的餐酒，15歐就該挑到一瓶不讓人失望的，30歐以上就能稱上好酒，60歐以上更是臥虎藏龍，很難不被法國美酒的驚人魅力迷惑。

正神遊思考著關於美酒的一切，耳邊的「Chin Chin！」喚回我的注意力，這是親近朋友之間敬酒的招呼語，不需一飲而盡，只求秀氣啜飲。好久不見的朋友們舉杯歡迎我的歸來，輕聲乾杯、喝口美酒、繼續聽聽大家的近況、再一起回憶從前，重新感受「法式暢所欲言」的震撼。

巴黎人熱愛分享心事

許多人對巴黎印象很差，一般多怪罪在冷漠的巴黎人身上，我也曾嚐盡苦頭，瘋狂懷念臺灣處處是朋友的濃厚人情味。但每個城市都有它獨特的節奏，巴黎和巴黎人，需要長時間沉澱、了解，然後當你發現自己也開始習慣晚餐約8點半以後吃，用餐前得先來杯香檳調酒，下課後總順路在家附近的麵包店排隊，等待熱呼呼的長棍麵包出爐，順便與隊伍前後的陌生人聊聊時事；到朋友家作客要帶上一瓶紅酒，而且絕對不該準時到；巴黎的朋友真正接納了你，總對著你劈哩叭啦地抱怨生活，什麼聚會都會算上你

一份。那你就真正融入了巴黎最平凡的日常生活，也才真正理解這些惡名昭彰的巴黎人，其實直率可愛極了。

他們一旦把你當作好朋友，說起話來絕對是掏心掏肺、毫無保留，直白到你有時會驚訝得直打哆嗦，又覺得他們真的好自然！高傲的巴黎人形象、時尚亮麗的外衣都彷彿是重重武裝，只為了保護內在的坦率、真誠，還有一些難以控制的衝動。

談起在香港工作的經歷與在巴黎的有何不同？HC 說他發現亞洲職場上很難結交真正的朋友，因為潛在的競爭與權力差異，同事之間多多少少有些保留，點到即止的交情比比皆是，而這種清清淡淡，讓辦公室成為不帶情緒的職場，自掃門前雪又帶些官僚氣，很是彆扭。

「在巴黎，同事也能成為好朋友。」HC 語帶驕傲的說，午餐時間是交心的美好時光，一股腦把工作上的不順心全傾吐出來，即使沒能成為長時間的同事，也可能成為長久的朋友！

↑酒酣耳熱之後，就是法國人對你敞開心房之時。

　　巴黎肯定和任何其他城市一樣，藏著裡外皆不可一世、傲慢自大的人，但我認識的巴黎人，比較貼近外冷內熱、固執、直腸子、孩子氣、真誠、直率等形容詞。也許「忠於自我」的人通常不擅於討好他人，更無心經營完美的第一印象，所以從不是人見人愛的萬人迷類型，但時間總會讓人看見他們的真心，就和巴黎這個城市一樣，慢熱，所以一切都得慢慢來。

休息的價值與能量

　　法國人每年至少有 140 天假期，位居全球之冠，大部分公司早上 10 點半和下午 4 點都有喝咖啡休息時間；午休時間則彈性，通常為 1.5 至 2 小時！這樣的工作待遇簡直教人心神嚮往，但不免好奇他們的工作量是否比亞洲人少得多？

　　「其實，工作量還是得看產業、公司或工作內容。加班的人大有人在！但我們認為午休時間一定要充分休憩，這跟效率息息相關。」HC 解釋。

　　每到正午，巴黎大大小小的公園裡，總能看見西裝筆挺的上班

↓ 對他們來說，「生活」比「金錢」更重要。

族，買了餐車的三明治，便好整以暇地坐在陽光下午餐，像充電一樣，把精力曬個滿溢，再以最佳狀態回到工作崗位。「假期也是呀！假期的價值奇大無比，你們都該體驗看看！」HC笑著說。

在法國人浪漫卻踏實的人生裡，享樂是第一要事，工作則追求效率。人生苦短，千萬別為工作賣命，別忘了，還得去度假呢！

派對主題──烹飪比賽

很多人說法國人臉皮很薄，巴黎人更甚。悉心觀察，我發現每次只要有「酒」、有「競爭」，就能看出端倪。今晚，滿桌的酒，還有這些素人美食家領銜主演的「我的創意漢堡」烹飪比賽，一場摩登的巴黎文化實境秀儼然上演，精采可期！每個朋友都摩拳擦掌、躍躍欲試，但各個表情嚴肅，好像即將完成的是件天大的挑戰，不容一點疏忽。

↑私人派對通常有主題，大家都會認真參與。

179

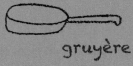

gruyère

↑參賽漢堡之一「蘑菇藍紋起司堡」！

　　法國人重吃，認為食材新鮮才能確保健康。攤開朋友們準備的食材，找不到超市買來的冷凍或加工食品，多是週末市場挑來的肉類和蔬果，鮮嫩欲滴，令人食指大動。

　　首先登場的是「蘑菇藍紋起司堡」，熱鍋後加入少量橄欖油，將大顆蘑菇切片倒入後翻炒，加入白酒、大把新鮮羅勒和荷蘭芹，最後灑上少量海鹽與黑胡椒粒提味。將裸麥麵包切片塗上無鹽奶油，放上新鮮洋蔥與番茄，再盛上一大匙熱騰騰的香料炒蘑菇，最上方灑上一層奧福格藍紋起司（Bleu d'Auvergne），放入烤箱烤到起司稍稍融化，再將另一片抹了奶油且輕烤過的裸麥麵包蓋上，大功告成！藍紋起司強烈的風味並未搶走熱炒蘑菇的風采，反而與羅勒、荷蘭芹譜出綿密口感與濃郁火花，相得益彰地將蘑菇的新鮮多汁推至高點，搭配白酒甚是合拍。

　　第二道漢堡則選用新鮮牛絞肉，在大碗裡打顆蛋，加入芥末、百里香、鹽、胡椒、大量洋蔥丁，適時加少量的水攪拌均勻，揉成數個紮實肉餅，放入冰箱靜置半小時；熱鍋後加入奶油，將肉餅下鍋煎至表面成形即可起鍋放在柔軟麵包上，鋪滿一層葛瑞爾起司（gruyère），再放上大把切絲的生菜、切塊番茄，隨性灑上

pâtes

來自不同國家的人各
顯身手，就能嚐到不
同風味。

一些堅果，放入烤箱烤到起司過癮地融化，「香煎牛肉蔬果起司
堡」驚豔亮相！由清甜的洋蔥帶出五分熟牛肉的鮮香，佐以爽口
蔬菜，在味蕾留下清爽餘韻；堅果則讓舌尖探險，豐富了漢堡的
層次，和奶油、起司奏出完美旋律，這樣細膩而大器的口味，完
美展現了法式漢堡的個性。

　　HC 則以他的華人背景，精彩呈現創意十足的「北京烤鴨堡」。
將拖鞋麵包烤得酥脆，放入切片黃瓜、番茄、蘑菇，大方疊上厚
厚一層中國城買來的帶皮烤鴨，再淋上以洋蔥、番茄、糖、醋、
番茄醬、醬油為原料的自製 BBQ 醬，最後灑上少量蔥花，口感
豐富且充滿亞洲風味，獲得滿堂采！

　　這樣一個溫暖的夜裡，花都右岸的公寓容下了一點點臺北、一
點點河內、一點點西西里、一點點上海，還有一個很大的巴黎。
煙硝不見，干戈全化作盤裡、杯裡溫柔的美食，把人變得輕飄飄
的，在杯觥交錯間，全交了心。就像我們眼中的巴黎，不若一場
華麗盛宴逼得你亂了分寸，反而像一首耐聽的曲子，把人生唱得
自由、輕快、細緻，滿足於一些極其簡單的小事，然後窮盡一生
的力氣，讓日常生活再愉悅--些，也讓人生再美好那麼一點點。

人物／南西（Nancy）
背景／臺北人，巴黎資歷 2 年
職業／時尚產業行銷公關

ROUTE 11

南西的巴黎

—— 10 小時遊遍巴黎名勝獨家路線

如果你只能給巴黎 10 個小時，
那麼容我邀請你跟著我的節奏，不疾不徐地遊遍巴黎名勝，
做個盡職而優雅的旅人。

旅行就像是漫長人生裡一段又一段的冒險，體驗截然不同的文化，過完全不一樣的生活，或在那些不熟悉的路途之中，認識一個從未發現過的自己。

幸運如你，有天終於來到巴黎，希望你勇敢一點、強壯一點、自由一點，不要只是躲在觀光巴士裡，任它載你走馬看花、猛按快門，或在中國餐館裡囫圇填飽三餐。最完美的狀況，是你願意不那麼貪心，如果有 10 天的假期，那就 10 天都待在這兒，拿著這本書，跟著我的巴黎朋友，看看巴黎最真實、最迷人的面貌。

如果 10 天太奢侈，你只能給巴黎 10 個小時，那容我邀請你跟著我的節奏，不疾不徐地遊遍巴黎名勝，做個盡職而優雅的旅人。

10：00 ～ 11：00

馬列咖啡，佐著美景的悠閒早餐

讓人難忘的巴黎之旅，得由悠閒的早餐開始。法國人早餐通常吃得很簡單，一杯義式濃縮咖啡加上一塊巧克力可頌麵包是基本菜單。不過，難得來一趟巴黎，我們有權吃得華麗一些，食物雖不如美式早午餐那樣多元豐盛，但我們有舉世無雙、氣派非凡的美景相伴！

↑麵包搭配咖啡，最法國的早餐！

↑馬列咖啡是藏在羅浮宮裡的半露天咖啡廳。

　　馬列咖啡藏在羅浮宮一樓迴廊的廊柱後頭，是位置得天獨厚的半露天咖啡廳，正對著貝聿銘設計的玻璃金字塔和環形建築，任旅人坐擁這融合了古典與現代風格，藝術家精雕細琢的傲人美景。

　　可在迴廊下選個最靠近玻璃金字塔的位置，點份精緻美味的早點，在溫熱的牛奶咖啡、冰涼的新鮮果汁，還有很法國的可頌麵包陪伴之下，眼前是一望無際的華麗別緻，這時候，巴黎正以她最平凡動人的樣貌，溫柔地歡迎著你的來訪。

羅浮宮 Musée du Louvre
Musée du Louvre, 75001 Paris, France
+33 1 40 20 50 50
www.louvre.fr
Ⓜ 1 、7 Palais-Royal Musée du Louvre 站步行約 3 分鐘

馬列咖啡 Le Café Marly
93 Rue de Rivoli, 75001 Paris, France
+33 1 49 26 06 60
Ⓜ 1 、7 Palais-Royal Musée du Louvre 站
步行約 3 分鐘

11：00 ～ 12：00
漫步羅浮宮、杜樂麗花園，
享受奢侈的閒適

↑玻璃金字塔是來到巴黎必遊之地。

　　享用巴黎式早餐後，請盡情在羅浮宮、玻璃金字塔前好好拍幾張照片，以開朗的笑容記錄這一趟自由的旅程！

　　接著，背對剛才用餐的馬列咖啡，金字塔在你的前方，向右手邊望，一眼就能看見被稱為小凱旋門的騎兵凱旋門。這個帶著斑

↑杜樂麗花園　　　　　↑騎兵凱旋門　　　　　　↑凱旋門

駁粉紅、金黃色彩的拱門，與香榭麗舍大道盡頭的巴黎凱旋門一樣，以精巧偉麗的建築工藝，歌頌著拿破崙彪炳的戰績。

慢慢走過騎兵凱旋門，便一腳踏入綠意盎然、百卉千葩的杜樂麗花園。這個和諧、嚴謹、結構對稱的法式庭園，是巴黎市中心的一座迷人綠洲，從小凱旋門一路延伸至協和廣場，流露濃厚而優雅的法式風情。

在杜樂麗花園裡散步，是一種質樸但悠然的享受。帶本書像巴黎人那樣，選張樹蔭下的長椅、或水池旁的綠色鐵椅，坐下來曬曬溫暖的陽光、沐浴在郁郁芬芳之中，感受奢侈而美好的閒適。

接著，背對著小凱旋門往右轉再直行，很快就能回到里沃利路（Rue de Rivoli）上，走下階梯、搭上地鐵，我們往下一站前進！

12：00 ～ 14：00

凱旋門、香榭麗舍、蒙田大道，看盡極致奢華

香榭麗舍大道上、香榭麗舍大道上
Aux Champs-Elysées, aux Champs-Elysées ～
不管晴雨，不論正午或午夜，
Au soleil, sous la pluie, à midi ou à minuit ～
香榭麗舍大道上有所有你需要的東西！
Il y a tout ce que vous voulez aux Champs-Elysées ～
——〈香榭麗舍大道上〉

香榭麗舍大道

　　地鐵慢慢駛入 Charles de Gaulle Étoile 站，跟著指標往 1 號出口走，搭上長長的手扶梯，深吸一口氣，當出口處的陽光逐漸灑瀉在手上、身上，巨大的凱旋門即將夢幻般呈現在你眼前！

　　此時，你正站在巴黎 12 條林蔭大道的中心點，道路由凱旋門向四周放射，磅礴氣勢令人震撼。醉情於歷史文化的人，不妨走得近一些，花些時間看看這些記錄一場場勝利戰役的巨型雕刻，或搭上電梯到 50 公尺高的凱旋門頂端，鳥瞰整個城市壯麗而驕傲的姿態。

　　喜歡流行時尚的人，請往後轉，凱旋門正對著的這條廣闊、繁華、璀璨的道路，兩旁種著整齊而蔥鬱的綠意，便是充滿傳奇色彩，被譽為「全世界最美道路」的香榭麗舍大道。香榭麗舍大道上櫛比鱗次的是觀光氣氛濃厚的餐廳、咖啡館，有頂級時尚品牌、也不乏平價服飾，更有電影院、劇場、夜店，全天候上演著熱鬧而絢麗的人生劇碼。

　　逛著逛著，腳痠了就走進巴黎甜點百年名店拉杜蕾吧！點杯香檳、配上甜滋滋的繽紛馬卡龍，體會這種法式蛋白杏仁甜餅何以被命名為「少女的酥胸」。或找家順眼的咖啡廳，挑個正對大街的位置，看著熙來攘往的人群，和同行的旅人肩併著肩，夏天最適合陽光搭配粉紅酒，冬天也能就著暖爐啜飲紅酒。

↑拉杜蕾店面十分夢幻。

↑馬卡龍搭配香檳，滋味絕妙。

　　如果你的體力受到巴黎美景的鼓舞，或你的時尚想望熱切需要得到慰藉，請背對著凱旋門繼續往前走，很快就能走到一個小型的圓形廣場，順著路向右轉，對街第一家店如果是 Gucci，那恭喜你，你已經踏上在全球時尚界名聞遐邇的蒙田大道。

　　蒙田大道上藏著眾多時尚和珠寶大牌包括香奈兒、迪奧、Céline、路易威登、海瑞・溫斯頓（Harry Winston）、寶格麗等，還有 2013 年才開幕的紀梵希，是時尚迷不容錯過的購物天堂！如果影集《慾望城市》裡，凱莉在巴黎跌倒的經典畫面讓你印象深刻，那一定要到蒙田大道 30 號的迪奧瞧瞧，即使只是看看櫥窗、店內陳列，已足夠讓人心醉神迷。

　　蒙田大道還有兩處我熱愛的景色，一是時常有國際巨星入住的雅典娜廣場飯店，窗臺上妍豔的紅花和紅色雨棚連成一氣，每次經過心裡都會一陣驚呼，是我心中永遠排名第一的夢幻酒店！另一處則是拉芙尼餐廳，一間始終名流雲集的餐館，50 年代的法式華美裝潢、美味的創意料理，還有目不暇給的真實版時裝秀，讓人一次看盡極致的奢華。

　　接著，請散步回到香榭麗舍大道與蒙田大道交叉路口，我們走進地鐵站，前往下一個目的地！

←蒙田大道上的迪奧，滿足多少女孩的幻想。

拉杜蕾香榭麗舍分店 Ladurée
75, avenue des Champs Elysées, 75008 Paris
+33 1 40 75 08 75
www.laduree.com
Ⓜ **1** Georges V 站步行約 3 分鐘

雅典娜廣場飯店 Plaza Athénée Paris
25 Avenue Montaigne, 75008 Paris
+33 1 53 67 66 65
www.plaza-athenee-paris.com
Ⓜ **1** 、**9** Franklin D. Roosevelt 站步行約 10 分鐘

拉芙尼餐廳 l'Avenue
41 Avenue Montaigne, 75008 Paris, 法國
+33 1 40 70 14 91
www.avenue-restaurant.com
Ⓜ **1** 、**9** Franklin D. Roosevelt 站步行約 10 分鐘

↑雅典娜廣場飯店鮮豔的紅色雨棚，是我心中永遠排名第一的夢幻酒店！

❶ 羅浮宮 Louvre Museum
❷ 馬列咖啡 Le Café Marly
❸ 騎兵凱旋門 L'Arc de Triomphe du Carrousel
❹ 香榭麗舍大道 Avenue des Champs-Élysées
❺ 凱旋門 Arc de Triomphe de l'Étoile
❻ 杜樂麗花園 Jardin des Tulleries
❼ 拉杜蕾 Ladurée
❽ 蒙田大道 Avenue Montaigne
❾ 雅典娜廣場飯店 Plaza Athénée Paris
❿ 拉芙尼餐廳 l'Avenue

ROUTE 11

→巴黎聖母院

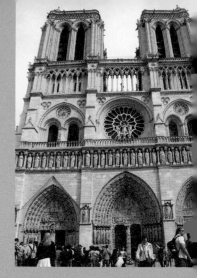

14：00 ～ 15：00

西堤島、巴黎聖母院，懷舊的建築美學

　　隨著地鐵列車駛過塞納河下方，就來到遠近馳名的西堤島！這裡不僅是巴黎城市發展的起源地，更藏了個巴黎最有代表性的歷史古蹟，象徵法國文化核心，採哥德式建築，更是法國大文豪雨果筆下鐘樓怪人的居住地——巴黎聖母院。

　　西堤島洋溢著一種懷舊氛圍，即使滿是遊客，也遮擋不住它沉靜古樸的美。走出地鐵站，跟著人群，很快就能看見聖母院，試著享受這個過程，以敏銳的感官，用力感受這個城市的溫度和速度，過一個心靈寧靜舒坦的午後時光。

巴黎聖母院 Cathédrale Notre Dame de Paris
6 Parvis Notre-Dame - Place Jean-Paul II, 75004 Paris
www.notredamedeparis.fr
Ⓜ❹ Cité 站步行約 10 分鐘

15：00 ～ 17：00

來杯左岸咖啡，像大文豪那樣談文學、說人生

　　接著，是時候喝杯咖啡，休息一下。

　　不知從什麼時候開始，「左岸咖啡」成為大多數人對巴黎的美麗想像之一，親朋好友來到巴黎，都嚷嚷著想喝杯左岸咖啡！左岸咖啡泛指在塞納河左岸的咖啡館，但這些咖啡館不在塞納河畔，多集中在人文薈萃的 6 區。當中最廣為人所知的就是比鄰而

↑ 花神咖啡館，許多文學家都曾是座上賓。　　↑ 在這裡品嚐一杯真正的「左岸咖啡」吧！

立的花神咖啡館和雙叟咖啡館。

　　雖然有一派老巴黎打死都不肯踏入這已然被觀光客占據的咖啡館，更不願付昂貴的價錢買這兒普通至極的服務，但這裡的法式古典裝潢、不曾讓人失望的餐點，還有那些光輝燦爛的人文歷史，都流露著讓我難以抗拒的魔力！

　　雖然每次總想著要帶親友去其他咖啡廳，最終還是會走到這個路口，畢竟心裡實在害怕這些旅人沒機會感受到跨時代的文人藝術家，在空氣裡留下的字句和美感，沙特、卡謬、西蒙波娃、海明威、畢卡索都曾在這兒談政治、論藝術、話哲學——你捨得不來嗎？

　　走出 Saint-Germain-des-Prés 站地鐵出口，沒幾步距離就能看見路口這兩家迷人的咖啡館。點杯咖啡或來杯濃郁的熱巧克力，配上法式經典鹹食、甜點，悠閒地享受美食，沉澱對這個咖啡館的所有想像，說不定也能激起你驚人的藝術天賦，信手拈來就是一首詩、或畫張人像，紀念只屬於自己的幸福時刻。

　　在充分休息後，在左岸走走晃晃，感受截然不同的人文氣氛。一旁的聖哲曼德佩修道院，是巴黎最古老的修道院之一，可免費進入參觀；或探訪附近蓬勃發展的法國品牌與新銳設計師小店，時尚迷可以好好尋寶；若你剛剛在香榭麗舍沒吃到馬卡龍，對街藏著我最愛的店家皮耶艾曼，很值得一嚐。

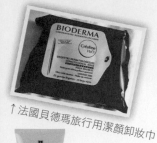

↑法國貝德瑪旅行用潔顏卸妝巾

←荷那法蕊髮品

↑聖日耳曼德佩修道院

　　街角更有家號稱巴黎最便宜的藥妝店 City Pharma，我推薦不可錯過的必買品，第一個就是法國貝德瑪（Bioderma）旅行用潔顏卸妝巾。貝德瑪無添加香料和防腐劑的卸妝水在亞洲一直很受歡迎，但我每次回到法國，必買這款亞洲未引進、但非常方便攜帶的卸妝巾。旅途勞頓，只需一兩張卸妝巾，就能卸妝潔顏保養一次完成！

　　另外一個則是荷那法蕊髮品（René Furterer）。我非常喜歡這個全植物性美髮養護品牌，在法國擁有高知名度，價格相較專櫃也親民許多，每次我到巴黎，一定會瘋狂採購。如果想感受頂級頭皮養護魔力，你一定要試試看！

花神咖啡館 Café de Flore
172 Boulevard Saint-Germain, 75006 Paris
+33 1 45 48 55 26
www.cafedeflore.fr
Ⓜ④ Saint-Germain-des-Prés 步行約 5 分鐘

雙叟咖啡館 Café Les Deux Magots
6 Place Saint-Germain des Prés,75006 Paris
+33 1 45 48 55 25
www.lesdeuxmagots.fr
Ⓜ④ Saint-Germain-des-Prés 站步行約 5 分鐘

聖哲曼德佩修道院 L'église Saint Germain des Prés
地址：3 Place Saint-Germain des Prés, 75006 Paris
電話：+33 1 55 42 81 10
Ⓜ④ Saint-Germain-des-Prés 站步行約 1 分鐘

皮耶艾曼甜點店 Pierre Hermé
72 Rue Bonaparte, 75006 Paris, France
+33 1 43 54 47 77
www.pierreherme.com
Ⓜ④ Saint-Germain-des-Prés 站步行約 10 分鐘

City Pharma 藥妝店
26 Rue du Four, 75006 Paris
+33 1 46 33 20 81
www.pharmacie-paris-citypharma.fr
Ⓜ④ Saint-Germain-des-Prés 站步行約 5 分鐘

17：00 ～ 19：00

漫步塞納河畔，巴黎美好風光都是你的

↑藝術街是我很喜歡的一條小路。

接著，回到雙叟咖啡館和聖哲曼德佩修道院夾著的波拿巴路（Rue Bonaparte），讓聖日耳曼德佩修道院在你的右邊，我們要一路向北，漫步到塞納河畔。

波拿巴路是我非常迷戀的一條街道，窄窄的、很安靜、很低調、散發古樸的巴黎風味。我喜歡把這兒暱稱為藝術街，一間間的藝廊、古董商行、家具店，把窄小的街道擠得溫暖而熱鬧，每次張望都能看見新的美感，即使是一般住家的大門，也被妝點得很藝術氣息。在波拿巴路上漫無目的地散步，是我在巴黎的祕密嗜好。

↑路上可以看到許多藝廊。

走著走著，你將看見路的盡頭閃著波光粼粼，那便是我朝思暮想的塞納河。在塞納河畔漫步，享受著至高無上的浪漫，看富麗氣派的建築、細數每座橋樑的歷史，途經岸邊的攤位，買張明信片、舊海報，把這個片段的巴黎打包，讓它飄洋過海跟你返家。

↑藝術橋上也是情侶見證愛情的聖地。　　↑橋上欣賞塞納河，是絕佳角度。

　　塞納河上大大小小的橋樑之中，有一座橋看來不太起眼，就在走出波拿巴路後往右望不遠處，這可是巴黎人熱愛的藝術橋！這座僅限行人與單車穿越的橋樑，藏著欣賞塞納河最好的角度，成了當地人獨鍾的野餐勝地，更被戀人視為愛情橋。

　　將寫有名字的鎖頭鎖在橋上，再將鑰匙拋入河中，用以見證愛情。我們大可不必做得如此煽情，只要牽手跨越藝術橋，也許動人親情、友情、堅貞愛情，皆能受到祝福！

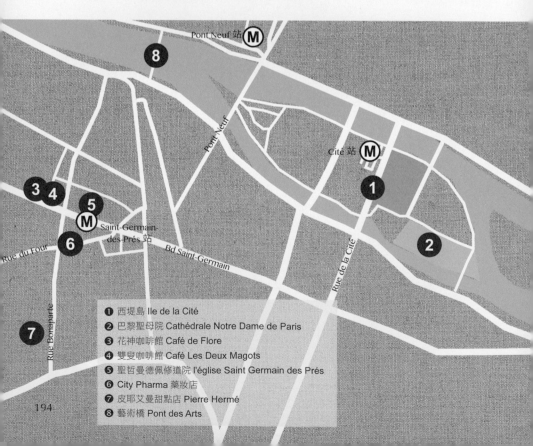

❶ 西堤島 Ile de la Cité
❷ 巴黎聖母院 Cathédrale Notre Dame de Paris
❸ 花神咖啡館 Café de Flore
❹ 雙叟咖啡館 Café Les Deux Magots
❺ 聖哲曼德佩修道院 l'église Saint Germain des Prés
❻ City Pharma 藥妝店
❼ 皮耶艾曼甜點店 Pierre Hermé
❽ 藝術橋 Pont des Arts

19：00 ～ 19：30

不能不看的艾菲爾鐵塔

過了藝術橋，來到塞納河右岸，向右轉，讓塞納河在你的右手邊，走大約 5 分鐘，就能看見地鐵 Pont Neuf 站，搭上地鐵，我們要去看巴黎鐵塔囉！

來到巴黎，一定得來看看這個擁有神奇魔力的艾菲爾鐵塔。艾菲爾鐵塔能從很多個角度觀賞，接下來這一個，是我最愛的版本。

Trocadero 站出來往左一望，一覽無遺的巴黎鐵塔與美景盡現眼前！這樣的震撼不需多作解釋，請盡情享受這個美好時刻。

時光飛逝，優雅而盡興的「巴黎 10 小時」已邁入尾聲。接下來，請回到地鐵站出口，對街就有許多餐館和咖啡館。選家喜歡的餐廳，選個可以遠眺艾菲爾鐵塔的位置，點杯好酒，等到天色再暗一些，艾菲爾鐵塔的樣貌將更加迷人！整點時，鐵塔將上演光彩炫目的燈光秀，像鑽石般閃爍的鐵塔，將點亮巴黎的黑夜，更點燃你心中所有浪漫的想望。

↓托卡德羅咖啡館

艾菲爾鐵塔 La Tour Eiffel
Champ de Mars, 5 Avenue Anatole France, 75007 Paris
+33 892 70 12 39
www.tour-eiffel.fr/
Ⓜ ⑨ Trocadero 站步行約 3 分鐘，即可看見鐵塔

卡黑特茶沙龍 Carette
4 Place du Trocadéro et du 11 Novembre, 75016 Paris
+33 1 47 27 98 85
www.carette-paris.com
Ⓜ ⑨ Trocadero 站步行約 5 分鐘

托卡德羅咖啡館 Café du Trocadéro
8 Place Trocadéro et 11 Novembre, 75116 Paris
+33 1 44 05 37 00
Ⓜ ⑨ Trocadero 站步行約 5 分鐘

ROUTE 11

❶ 艾菲爾鐵塔 La Tour Eiffel
❷ 卡黑特茶沙龍 Carette
❸ 托卡德羅咖啡館 Café du Trocadéro

Av. d'Eylau
Av. Kléber
Trocadero 站 Ⓜ
Pont d'Iéna
Av. de Bourdonnais
Quai Branly

-Jolie
Pontoise
Meaux
La Ferté
Chantilly
Chât
Thi

PARIS
Versailles
Coulommiers
Melun
Provin
Corbeil
Essonnes
Etampes
Montere
N 4
N 19
en-Laye

南西的經典巴黎一日遊路線總表

時間	行程	交通方式
10：00 | 11：00	早午餐：馬列咖啡	❶、❼ Palais-Royal Musée du Louvre 站步行約 3 分鐘
11：00 | 12：00	羅浮宮、杜樂麗花園	從馬列咖啡開始漫步
12：00 | 14：00	凱旋門、香榭麗舍、蒙田大道	由 Tuleries 站搭乘❶，坐往 Charles de Gaulle Étoile 站，車程約 10 分鐘。
14：00 | 15：00	西堤島、巴黎聖母院	由❶ Franklin D. Roosevelt 站坐往 Châtelet 站，轉乘❹到 Cité 下車，車程約需 20 分鐘。
15：00 | 17：00	左岸咖啡	地鐵 Saint-Germain-des-Prés 站出口附近
17：00 | 19：00	藝術街、塞納河畔、藝術橋	沿著波拿巴路，讓聖哲曼德佩修道院在你的右邊，向北散步
19：00 | 19：30	艾菲爾鐵塔	❼ Pont Neuf 站坐往 Chaussée d'antin la Fayette 站，轉乘❾到 Trocadero 站下車，車程約 30 分鐘。1 號出口出站步行 15 公尺。
19：30	晚餐，欣賞夜晚的艾菲爾鐵塔	地鐵 Trocadero 站出口附近

注意事項：
1. 以上行程冬天建議提早 1 小時。
2. 香榭麗舍大道、蒙田大道、艾菲爾鐵塔等區域觀光客眾多，也引來不良分子聚集，請務必提高警覺，不與陌生人談話，堅守財不露白原則。並參考〈寫給旅人、女孩們的巴黎注意事項〉（P.202）。

1. 欣賞巴黎鐵塔的 3 種角度

我的巴黎友人和那些在巴黎好歹待過三、五年的巴黎旅人總是說，想當真正的巴黎人，就不應該去艾菲爾鐵塔。他們說那「醜得驚人的東西」破壞了巴黎的美感；說那高塔橫看豎看都不是巴黎。

西元 1889 年，適逢法國大革命 100 週年紀念，巴黎舉辦了轟動全球的世界博覽會。為了展現法國工業、藝術文化與技術的成就，需要一個象徵性作品，向全世界宣示法國與巴黎的世界地位。於是，如雪片般飛來的 700 多件應徵作品中，橋樑工程師艾菲爾（Alexandre-Gustave Eiffel，1832-1923）就此在全球建築史，甚或世界史上，千古留名。

艾菲爾鐵塔於 1887 年動工，過程中即使遭受當時保守派人士、文化藝術界名流與附近居民的堅決反對，1889 年依舊如期完工，世界博覽會更在此進行開幕式剪綵。自此，艾菲爾鐵塔與巴黎畫上等號，更是法國一大重要標誌，出現在無數明信片、電影與電視廣告中，成為浪漫的代名詞，更有「婚紗旅行團」安排情侶或新婚夫妻到鐵塔前拍照，雖然在我看起來是有點過於造作庸俗，但一生一次的婚紗，不就是要浪漫嗎？

你問我，艾菲爾鐵塔究竟浪不浪漫？

我想，巴黎有太多太美、太浪漫之處，艾菲爾鐵塔只是其中之一。如果沒有周圍那些 19 世紀時保守派堅持的「老巴黎」，或藝術家捍衛的巴黎美景，艾菲爾鐵塔永遠只是個工藝技術的象徵，和浪漫一點都扯不上關係。

↑天氣好的時候，許多人會在草地上野餐。　　↑戰神廣場可以直接走到鐵塔正下方，氣勢驚人。

　　然而可愛的是，這座看似生硬的鐵塔，夯不啷噹放在巴黎市景中，你就是會不自覺地愛上它。再怎麼不想和世俗妥協、狂放不羈，來到巴黎都得來看看這個擁有神奇魔力的艾菲爾鐵塔。

　　很多來此的旅人，都希望可以找到最棒的角度，一窺艾菲爾鐵塔的全貌，而我在巴黎四處走跳，最後讓我找到 3 種方式，可以欣賞到艾菲爾鐵塔的不同風情。

選擇 1：戰神廣場

　　這裡可以一覽鐵塔全景，也可以在陽光下野餐，而且可以近距離看到巨大的鐵塔。如果你喜歡和景點玩「互動式照相」，這裡絕對可以得到一些「踢倒巴黎鐵塔」或「把巴黎鐵塔捧在掌心」之類的趣味作品。

　　Ⓜ❽ Ecole Militaire 站，朝艾菲爾鐵塔步行至戰神廣場即可，也可以從戰神廣場再走到鐵塔，登塔眺望巴黎美景。

選擇 2：搭乘塞納河遊船

　　如果你不太喜歡步行，又想欣賞極為偌大的艾菲爾鐵塔，那麼強烈推薦搭乘遊船！

　　建議選擇晚上搭船，因為老實說，當夜幕降臨，艾菲爾鐵塔打上燈光，美麗程度頓時提高許多。遊船會緩緩開到艾菲爾鐵塔斜下方，鐵塔此刻將巨大到讓你有點無法呼吸，最好做點心理準備。喜

BONUS!

→從遊船上看巴黎鐵塔。

↑遊船雖然很觀光客，但真的是完全不同的體驗！

歡戲劇化視覺效果又喜愛悠閒旅遊的人，很值得來一趟！

我就搭了 3 次遊船，朋友都笑我非常「觀光客」，但何必在意呢！我本來就是個自由又懶散的旅人。

Ⓜ9 Alma-Marceau，出站後跟著人潮往塞納河走吧！順著斜坡走向岸邊，可見到裝潢新穎的 Bateaux Mouches 蒼蠅船搭船處。

航行時間約 70 分鐘，會經過所有塞納河畔的巴黎景點，如協和廣場、羅浮宮、巴黎聖母院等。旺季每 15 分鐘就有一班船，另有附午餐或晚餐的套票，但東西好不好吃就無從得知了。

建議大家搭船記得多穿件外套或披肩，即使是夏天的傍晚，仍然有點寒冷！

票價：成人 12.5 歐元；12 歲以下兒童 5.5 歐元。午、晚餐遊船約 55 ～ 255 歐元。
中文網站：www.bateaux-mouches.fr/zh

選擇 3：Trocadero 站 1 號出口

如果不想步行，也沒時間坐遊船，或基本上是喜歡效率旅行又有點貪杯習慣的人，請考慮這個地方，因為我至少去過不下 10 次。

隨著手扶梯浮出地面，直行約 15 公尺，往左一望，艾菲爾鐵塔與美景就盡現眼前。我覺得這裡的艾菲爾鐵塔看起來不至於過於小家子氣，又沒有巨大到讓你窒息的壓迫感，大小剛好，氛圍滿分！

鐵塔旁滿滿的巴黎古建築林立，腳踩的位置更是擁有電影、海事、人類博物館的夏佑宮，我最愛的艾菲爾鐵塔，就在這裡。等你

拍完幾百張照片,心靈被擁擠的感動充滿,感到口有點渴、腳有點痠時,轉頭往回走到地鐵站出口。對街就有三、四間咖啡館。

如果剛好是夜幕低垂時分,選個可以遠眺艾菲爾鐵塔的座位,假裝自己是個自視甚高的巴黎人,點杯沁涼白酒或甜滋滋的香檳調酒,結束一整天的旅途勞頓,享受妳已經很久沒有仔細品嚐的,片刻的悠閒。

Ⓜ 9 、 6 Trocadero 站 1 號出口

❶ 戰神廣場 Champ-de-Mars
❷ 賽納河蒼蠅船 Bateaux Mouches
❸ Trocadero 站
❹ 艾菲爾鐵塔 La Tour Eiffel

BONUS!

↑女孩遊巴黎，多注意一點會
玩得更開心！

2. 寫給旅人、女孩們的巴黎注意事項

許多人前往巴黎旅行前，除了期待，多多少少有些擔心受怕，畢竟「巴黎很危險」的說法，早在旅人間口耳相傳，最後只能抱著「既期待又怕受傷害」的心情旅行，難免覺得掃興。

我在巴黎生活時，聽過許多令人膽顫心驚的故事，更親身經歷一些不好的治安事件，但凡事往好處想，也算漸漸理出遠離這些麻煩事的大小訣竅。如果想盡情享受巴黎，擁有平安、順利的旅程，誠摯建議你，一定要仔細閱讀以下文章！

和其他大城市無異，巴黎的確治安欠佳，但許多狀況都能避免，只要凡事小心、遵守以下事項，巴黎仍將是令你魂牽夢縈、永難忘懷的迷人城市！

低調、低調、再低調！

巴黎人的穿衣風格非常低調，服裝用色更是不出黑、白、灰、駝等色系。如果你穿得太過鮮豔，等於向全世界宣告：我是位天真爛漫、手無寸鐵的觀光客！很難不成為歹徒下手目標。

每次搭地鐵，總會看到穿得花枝招展，攜帶名貴首飾、包包的觀光客，都替他們捏一把冷汗，熱心如我，真的很想上前提醒，又怕壞了他們的興致，只能強忍內心的擔憂，故作冷漠，默默祝福他們一切安好。

如果親友造訪巴黎，我的第一個提醒一定是：「請帶上你最低調的衣服！」

「臭臉」是最好的武器

亞洲文化總教人友善，習慣性臉上掛著一抹笑容，而身處在這美麗的城市時，更是止不住的愉悅，一不小心就笑得花枝亂顫。

但在巴黎，請你不要笑！

這是我在巴黎學會的喬裝術！原來在巴黎——尤其是女孩——必須板起臉孔才能輕鬆度日，這樣不僅能讓無聊人士不敢來騷擾你，也對竊賊起了防堵作用，因為巴黎人臉都很臭，如果你也臭著一張臉，看起來就不會是一臉好欺負的觀光客。

我就曾經看過一位巴黎女性朋友，用臭臉與兇惡的口氣，逼退一名想跟她搭訕、糾纏的男生，當時我看得目瞪口呆。不過，「態度明確」確實是在巴黎減少無謂騷擾的好方法。

隨時提高警覺 堅守財不露白原則

在巴黎這樣的大城市，必須學會眼觀四面、耳聽八方，走在路上，要不時注意附近是否有可疑人物刻意和你走得很近，如果有疑慮，請保持鎮定，快步走向人多的地方或到商店裡求援。

包包盡量選擇斜背、有夾層、有拉鍊的包款，避免後背包、肩背包等「明顯目標」；避免使用大皮夾，別攜帶太多現金，並將錢分成兩份分開放，再把信用卡、護照放在不同的小袋裡，分散風險。

以我的習慣為例，如果要到熱鬧的區域逛街，我會帶著小型斜背包，包裡現金不超過 100 歐元，只帶兩張信用卡，一張信用卡和一半的現金放在一個很不起眼、很不像皮夾的織布袋裡，付款時方便取用。另一張信用卡和其餘現金則放在包包裡層的拉鍊夾層，以備不時之需。

BONUS!

　　財不露白的「財」指的不只是帶在身邊的財物，也包括剛剛採買的戰利品！若買了名牌商品，請向店員要求盡量包裝得小一點，並說明你不希望使用品牌 logo 明顯的紙袋。由於觀光區不時發生竊案、搶案，名牌專賣店一般都會準備全黑且沒有 logo 的紙袋供顧客使用，降低成為歹徒下手目標的可能性。

　　有一次，我看見 2 個日本女生各拿著一個大約是登機箱兩倍大的香奈兒紙袋，雀躍地搭乘巴黎地鐵，本想再次故作冷漠，卻望見遠方來了一群貌似小偷的可疑人士，我一個箭步向前，擋在日本女生前方，提醒她們當心，並建議她們在下一站出站轉搭計程車返回酒店，陪著她們下了地鐵，看著駛離的計程車，才放下心中大石。

搭地鐵要提高警覺

　　買票時，請保持警覺，付錢時更要當心；候車時站得離月臺越遠越好，畢竟前幾年曾發生過瘋子推人落下月臺的可怕新聞。

　　上車時，不要搶快，巴黎的地鐵班次很密集，不要因為趕時間而對周遭環境掉以輕心；上車後，不要坐在門

邊，因為有些歹徒會在地鐵門關上的前一刻，搶奪門邊乘客的財物；請避免玩手機、講電話，畢竟當你過於專注，歹徒多的是搶奪財物的機會，而乘客被搶走手機的事件也時有所聞。

　　若察覺身邊有可疑人物，請保持冷靜，走到比較多人聚集的位置或比較熱鬧的車廂；如果突然覺得很擁擠，請一定要小心，身邊很可能有覬覦你的錢包的竊盜集團，請保護好財物，盡快往車廂空曠處移動！

雖然上頭的提醒聽來有些駭人，但只要堅守以上原則，四通八達、非常便利的巴黎地鐵，仍是旅人們的首選，畢竟這是當地人賴以為生的交通工具，我也是天天搭乘地鐵上下學呢！

別太熱心，別猛看地圖

如果看見成群結隊的小孩，拿問卷追著你請你填寫，說是做慈善，請你快步走開；若在商店裡，有人想請你幫忙拍照，或過於熱情地請你給些買衣服的意見，請壓緊你的證件皮包；如果有人走到你的身邊，拿著金戒指說是你掉的，請保護好身邊財物，快步走到更熱鬧的地方；以上都是惡名昭彰的竊盜集團手法，除非你是鋼鐵人刀槍不入，否則人在巴黎，為了安全還是別太熱心。

走在路上時，也別低頭猛看地圖！這對遊客來說恐怕有些挑戰性，但我建議大家先在旅館、公寓裡做好功課，盡量減少在大街上拿著大張地圖的機會，否則「十足的觀光客模樣」真的很容易成為竊賊鎖定的下手目標。

不論如何，先說「Bonjour！」

許多人對巴黎旅遊印象很差，一般多怪罪在冷漠的巴黎人身上。初來乍到時，我也曾嚐盡了苦頭，但待久了才發現，其實他們心眼不壞，誤會通常肇因於文化差異，還有他們的壞脾氣。設身處地地想，居住在這個被觀光客塞得滿溢的城市，上班一趟得被問五次路，還得被無數觀光客擋道，確實也為難了當地居民。

BONUS!

　　想和當地人談話，不管你要問路、買票、進餐廳、閒聊、搭訕，請先說「Bonjour（日安）」！這是不成文的習慣，更是法文裡的基本禮貌，就像與陌生人攀談前，開口一定先說聲：「您好！」如果不說「Bonjour」，就像直接和陌生人說：「欸！」如果你是巴黎人，能不生氣嗎？

　　來者是客，來到別人的城市，還是做個有禮貌的人吧！我相信巴黎和巴黎人，都將回敬你同樣的親切和氣度。

住宿怎麼挑？

　　在巴黎，「區」要選對，才能住得安心。

　　不論酒店、旅館或短租公寓，如果是巴黎市區，請盡量避免 18、19、20區，也就是正式地址裡郵遞區號 75018、75019、75020 這三個行政區，另外，接近 18 區的 17 區也

盡量避免。這幾區的居住人口較複雜，治安相對欠佳，若造訪附近景點，也請盡量選在白天，下午 5 點後不要逗留此區。另外，地鐵站 Château d'Eau、Gare du Nord、Gare de l'Est 站附近也務必當心。

　　如果住在巴黎郊區，往西、往南都是較好的選擇，但往返市區的郊區火車一般搭載的人口相對複雜，加上通車時間較長，建議大家盡早返回住處休息，避免深夜搭車。

　　即使選對區，旅人還是要提高警覺，夜深了就不要獨自行動，最

好還是呼朋喚友，有伴在旅途中相互照料比較安心。

　　巴黎星級飯店價格高昂，但如果有寬裕的預算，住在看得到巴黎夜景的高級酒店，絕對是個安全又享受的首選。如果選擇一般旅館，建議大家行前務必上網查詢旅客評價，確認旅館品質。不論住在飯店或旅館，請在 check in 時詢問飯店的緊急聯絡電話與住址，並詳細記錄在手機和隨身證件裡，以備不時之需。

住公寓更貼近巴黎生活

　　比起美輪美奐的酒店，曾住在巴黎的我，更喜歡這裡的短租公寓，選擇多、充滿巴黎風情，更貼近巴黎的日常生活，能活得就像個巴黎人！但我不建議所有人都這麼做，因為比起住在方便又舒適的酒店，租公寓有些麻煩。若你是個崇尚自由的旅人，嚮往逛逛市場、做做菜，有一點冒險精神，而且行前非常用功，花了很多時間了解巴黎，那你是該租間公寓，像個巴黎人那樣生活！

　　如果選擇租一間公寓做為在巴黎的棲身之處，請同樣在行前向你的房東或租屋仲介公司，詢問當地的緊急聯絡電話與住址，並記錄在手機和隨身證件裡，如果遇到緊急事件，便有個當地人可以幫忙聯絡或提供協助，確保你的旅程順利平安。

巴黎酒店訂房網站推薦：
www.booking.com
www.hotels.com
www.agoda.com

巴黎三大短租、長租公寓網站推薦：
www.airbnb.com.tw
www.lodgis.com
www.parisattitude.com

ACROSS 系列 014

這些地方，只有巴黎人知道／11條道地時尚×藝術×美食×約會路線

作　　　者 — 南西大爺Miss Nancyelle
主　　　編 — 陳信宏
責 任 編 輯 — 尹蘊雯
責 任 企 畫 — 曾睦涵
美 術 設 計 — 我我設計工作室
董 事 長
總 經 理 ⎱ — 趙政岷
總 編 輯 — 李采洪
出 版 者 — 時報文化出版企業股份有限公司
　　　　　　10803　臺北市和平西路3段240號3樓
　　　　　發 行 專 線 —（02）23066842
　　　　　讀者服務專線 —（0800）231705・（02）23047103
　　　　　讀者服務傳真 —（02）23046858
　　　　　郵　　　　撥 — 19344724 時報文化出版公司
　　　　　信　　　　箱 — 臺北郵政79~99信箱
時報悅讀網 — http://www.readingtimes.com.tw
電子郵件信箱 — newlife@readingtimes.com.tw
時報出版愛讀者粉絲團 — http://www.facebook.com/readingtimes.2
法 律 顧 問 — 理律法律事務所 陳長文律師、李念祖律師
印　　　刷 — 詠豐印刷有限公司
初 版 一 刷 — 2014年5月16日
初 版 四 刷 — 2015年11月24日
定　　　價 — 新台幣300元

國家圖書館出版品預行編目資料

這些地方，只有巴黎人知道 / 11條道地時尚×藝術×美食×
約會路線/南西大爺Miss Nancyelle 著;
-- 初版. — 臺北市：時報文化, 2014.05
面；　公分. -- (ACROSS ; 014)

ISBN 978-957-13-5964-9 (平裝)
1.遊記 2.法國巴黎

742.719　　　　　　　　　　　　　　103008387

ISBN 978-957-13-5964-9
Printed in Taiwan